"一带一路"列国人物传系　总主编◎王丽

东西碰撞溅火花
近代9人传

唐得阳　刘强伦◎主编

华文出版社
中国出版集团公司

图书在版编目（CIP）数据

近代9人传：中西碰撞溅火花 / 唐得阳，刘强伦主编. —— 北京：华文出版社，2021.1
（"一带一路"列国人物传系）
ISBN 978-7-5075-5386-4

Ⅰ. ①近… Ⅱ. ①唐… ②刘… Ⅲ. ①历史人物-列传-中国-近代 Ⅳ. ①K820.5

中国版本图书馆CIP数据核字（2020）第236990号

近代9人传

主　　编：	唐得阳　刘强伦
责任编辑：	谭　笑
出版发行：	华文出版社
社　　址：	北京市西城区广外大街305号8区2号楼
邮政编码：	100055
投稿信箱：	784263235@qq.com
电　　话：	总编室 010-58336239　发行部 010-58336267　58336253 责任编辑 010-58336237
经　　销：	新华书店
印　　刷：	天津新科印刷有限公司
开　　本：	880×1230　1/32
印　　张：	8.25
字　　数：	138千字
版　　次：	2021年1月第1版
印　　次：	2021年1月第1次印刷
标准书号：	ISBN 978-7-5075-5386-4
定　　价：	38.00元

版权所有　侵权必究

"'一带一路'列国人物传系"编辑委员会

指导单位：
中国文学艺术界联合会
中国社会科学院国家全球战略智库

编委会：
总主编： 王　丽
副主编： 唐得阳　王灵桂
委　员： （按姓氏笔画排序）

丁闻琦　丁　超　于　青　于福龙　马细谱　王成军　王　丽
王灵桂　王建沂　王春阳　王郦久　王洪起　王宪举　王　渊
文　炜　孔祥琇　石　岚　白明亮　冯玉芝　成　功　朱可人
刘　文　刘思彤　刘铨超　安国君　许文鸿　许烟华　孙钢宏
孙晓玲　苏　秦　杜荣友　李一鸣　李永全　李永庆　李垂发
李玲玲　李贵方　李润南　李嘉慧　余志和　宋　健　张　宁
张　敏　陈小明　邵诗洋　邵逸文　周由强　周　戎　周国长
庞亚楠　胡圣文　姜林晨　贺　颖　贾仁山　高子华　高宏然
唐岫敏　唐得阳　董　鹏　韩同飞　景　峰　程　稀　谢路军
翟文婧　熊友奇　鞠思佳

支持单位：
中国社会科学院俄罗斯东欧中亚研究所
北京融商一带一路法律与商事服务中心

人物画像：
吴泽浩

法律顾问：
北京德恒律师事务所

总 序

群星闪耀"一带一路"

"2100多年前,中国汉代的张骞肩负和平友好使命,两次出使中亚,开启了中国同中亚各国友好交往的大门,开辟出一条横贯东西、连接欧亚的丝绸之路。"①2013年9月7日,中国国家主席习近平在哈萨克斯坦纳扎尔巴耶夫大学发表演讲,以博古通今的睿智对大学生们娓娓道来丝绸之路古老而年轻的故事。

"我的家乡陕西,就位于古丝绸之路的起点。站在这里,回首历史,我仿佛听到了山间回荡的声声驼铃,看到了大漠飘飞的袅袅孤烟。这一切,让我感到十分亲切。哈萨克斯坦这片土地,是古丝绸之路经过的地方,曾经为沟通东西方文明,促进不同民族、不同文化相互交流和合作作出过重要贡献。

---

① 《习近平谈治国理政》,外文出版社,2014年10月第1版,第287页。

东西方使节、商队、游客、学者、工匠川流不息,沿途各国互通有无、互学互鉴,共同推动了人类文明进步。""不同种族、不同信仰、不同文化背景的国家完全可以共享和平、共同发展。这是古丝绸之路留给我们的宝贵启示","为了使我们欧亚各国经济联系更加紧密、相互合作更加深入、发展空间更加广阔,我们可以用创新的合作模式,共同建设'丝绸之路经济带'"。① 推己及人,高瞻远瞩,引领时代,习主席在阿斯塔纳②通过哈萨克斯坦人民,首次向世界发出了让古老的丝路精神再次焕发青春和光彩的时代宣言。

2013年10月3日,习主席在印度尼西亚国会发表了题为《共同建设二十一世纪"海上丝绸之路"》的演讲:"东南亚地区自古以来就是'海上丝绸之路'的重要枢纽,中国愿同东盟国家加强海上合作,使用好中国政府设立的中国-东盟海上合作基金,发展好海洋合作伙伴关系,共同建设21世纪'海上丝绸之路'","发挥各自优势,实现多元共生、包容共进,共同造福于本地区人民和世界各国人民"。③ 这个倡议和9月7日的演讲异曲同工、

---

① 《习近平谈治国理政》,外文出版社,2014年10月第1版,第287页。
② 哈萨克斯坦新首都名称。
③ 同①,第293-295页。

遥相呼应、互为映衬，完整地提出了"丝绸之路经济带"和"21世纪海上丝绸之路"的宏伟构想。

从广袤的亚欧腹地哈萨克斯坦到风光旖旎的印度尼西亚，习主席提出的"丝绸之路经济带"和"21世纪海上丝绸之路"吸引了世界各国的目光。从2013年9月至2016年8月，习近平出访37个国家（亚洲18国、欧洲9国、非洲3国、拉美4国、大洋洲3国），对"一带一路"倡议的总体框架和基本内涵做了充分阐述。和平合作、开放包容、互鉴互学、互利共赢的丝路精神，共商、共建、共享的合作理念，驱散了"去全球化"的阴霾，为增长低迷的世界经济注入新的动能。各国纷纷将本国经济发展与中国政府制定的《推动共建丝绸之路经济带和21世纪海上丝绸之路的愿景与行动》规划相衔接。"一带一路"倡导的政策沟通、设施联通、贸易畅通、资金融通、民心相通等"五通"，正在以基础设施、经贸合作、产业投资、能源资源、金融支撑、人文交流、生态环保、海洋合作等为载体和依托，在全球掀起了投资兴业、互联互通、技术创新、产能合作的新势头。2016年中国牵头成立有57个成员国加入的亚洲基础设施投资银行（AIIB），2017年3月23日迎来13个新伙伴。孟加拉配电系统升级扩容项目、印尼全国棚户区改造项目、巴基斯坦国家高速公路项目和塔吉克斯坦杜尚别至乌兹别克斯坦道路改造项目已经获得亚投行金融支持，共商共建成为现实。

"一带一路"倡议得到国际社会的热烈响应。2016年11月17日，第71届联合国大会193个成员一致赞同，通过了第A/71/9号决议，欢迎"一带一路"倡议，敦促各国通过参与"一带一路"，呼吁国际社会为开展"一带一路"建设提供安全保障环境。2017年3月17日，联合国安理会全票赞成，一致通过第2344号决议，呼吁国际社会凝聚援助阿富汗共识，通过"一带一路"建设等加强区域经济合作，敦促各方为"一带一路"建设提供安全保障环境。

2017年1月，习近平主席在联合国日内瓦总部发表题为《共同构建人类命运共同体》的重要演讲，全面深入系统阐述人类命运共同体重大理念，在国际上引起热烈反响，受到各方普遍欢迎和高度评价。3月23日，联合国人权理事会第34次会议通过关于"经济、社会、文化权利"和"粮食权"两个决议，决议明确表示要通过"一带一路"建设"构建人类命运共同体"。这是人类命运共同体重大理念首次载入人权理事会决议，标志着这一理念成为国际人权话语体系的重要组成部分。

"一带一路"不是中国的独角戏,是与亚、欧、非洲及世界各国共同奏响的交响乐。中国恪守联合国宪章的宗旨和原则,坚持开放合作、和谐包容、政策沟通,培育政治互信,建立合作共识,协调发展战略、促进贸易便利化及多边合作体制机制。中国携手100多个国家和地区,依托国际大通道,以陆上沿线中心城市为支撑,以重点经贸产业园区为合作平台,共同打造新亚欧大陆桥、中蒙俄、中国-中亚-西亚、中巴、孟中印缅、中国-中南半岛等国际经济合作走廊进展顺利,中欧班列在贸易畅通上动力强劲,风景亮丽;以海上重点港口为节点,共同建设通畅安全高效的运输通道,实现陆海路径的紧密关联和合作,太平洋、印度洋、大西洋上巨轮往来频繁,不亦乐乎。亚太经合组织、亚欧会议、大湄公河次区域合作等有关决议或文件,都体现了"一带一路"建设内容。丝路基金、开发性金融、供应链金融汇聚全球财富,建设绿色、健康、智慧与和平的丝绸之路,增进各国民众福祉。

"一带一路"是人类历史上从未有过的恢弘蓝图,也是横跨亚非欧连接世界各国的暖心红线。"丝绸之路经济带"包括中国经中亚、俄罗斯至欧洲(波罗的海),中国经中亚、西亚至波斯湾、地中海,中国至东南亚、南亚、印度洋;"21世纪海上丝绸之路"包括从中国沿海港口过南海到印度洋再延伸至欧洲和到南太平洋。一路驼铃声声、舟楫相望,互通有无、友好交往。

在新的时代,在创新古老丝路精神的伟大进程中,习主席专门缅怀丝路开拓者,特意致敬古丝路精神奠基人:"我们的祖先在大漠戈壁上'驰命走驿,不绝于时月',在汪洋大海中'云帆高张,昼夜星驰',走在了古代世界各民族友好交往的前列。甘英、郑和、伊本·白图泰是我们熟悉的中阿交流友好使者。丝绸之路把中国的造纸术、火药、印刷术、指南针经阿拉伯地区传播到欧洲,又把阿拉伯的天文、历法、医药介绍到中国,在文明交流互鉴史上写下了重要篇章。千百年来,丝绸之路承载的和平合作、开放包容、互学互鉴、互利共赢精神薪火相传。"①这种吃水不忘挖井人的情怀,再次展现了中华民族不忘历史、纪念先贤、展望未来的优秀文化基因,也为中国传记文学学会参加"一带一路"建设指明了方向和道路。

在古老的丝绸之路上,我们不曾相忘:张骞出使西域到过的哈萨克斯坦,山高水长的好邻居巴基斯坦,双头鹰下横跨欧亚之国俄罗斯,草原之国蒙

---

① 习近平:《弘扬丝路精神,深化中阿合作》,2014年6月5日,习近平在中—阿合作论坛第六届部长级会议开幕式上的讲话,《人民日报》6月6日第1版。

古，喜马拉雅浮世天堂尼泊尔，菩提恒河保佑之国印度，文化瑰宝伊朗，首创法典之国伊拉克，红海门户之国也门，石油王国沙特阿拉伯，波斯湾明珠巴林，雪松之国黎巴嫩，海湾之秀科威特，沙漠之巅阿联酋，半岛明珠之国卡塔尔，波斯湾霍尔木兹海峡守门人阿曼，万湖之国白俄罗斯，欧亚十字路口土耳其，流着奶和蜜之地以色列，欧洲粮仓乌克兰，亚平宁半岛上的文化巅峰意大利，阿尔卑斯之巅的瑞士，玫瑰之国保加利亚，与灵魂对话的思辨之国德意志，欧洲文化殿堂法兰西，欧洲客厅比利时，郁金香之国荷兰，热情如火的西班牙，还有正在脱欧的绅士国度英国，北非金字塔之国埃及，非洲屋脊奉马蹄莲为国花的埃塞俄比亚，香草大岛之国马达加斯加，等等。

沿着海上丝绸之路，我们会领略丛林花园之国马来西亚，花园国度新加坡，千岛之国菲律宾，赤道翡翠之国印度尼西亚；沿澜沧江一路南下，我们不曾相忘澜湄泽润之国越南，千佛之国泰国，高棉的微笑之国柬埔寨，万象之都老挝，印度洋上明珠之国斯里兰卡，印度洋上的明星和钥匙毛里求斯，堆金积玉之国文莱，追求自由之国东帝汶，印度洋世外桃源马尔代夫，骑在羊背上的国家澳大利亚，上帝的后花园新西兰，等等。

"一带一路"沿线国家里，那些千百年来影响了人类与国家、民族命运并与中国曾经有过交往的古今人物，至今还能在教科书、影视剧里看到他们，还能感受到他们在一代一代年轻人身上所生发的影响和魅力。

当然，对于中国人来说，更为熟悉的是丝绸之路的开拓者。曾记否？丝绸之路开拓者中，有汉武帝和他的使节们，有首开大唐盛世的唐太宗及其无数臣民，有再续睦邻通商航海路的宋祖朝廷和无数先贤，还有金戈铁马风漫卷的元代人物，一统江山万里帆的明代人物，环球凉热自清浊的清代人物，东西碰撞溅火花的近代人物，还有经受风雨变迁、勇立海国之志的现代人物，更有丝路明珠敦煌莫高窟的守护者，卫国助邻的将军和通司中外的外交家们。当然，数风流人物，还看今朝，我们不能不浓墨重彩地讴歌那些智通商海，投身到新丝路建设中的当代人物。

耕云播雨，香火延续，智慧传承，历史再续！2100多年的友好交往历史从未隔断，惠及三大洲的中西交通从未停歇，21世纪的"中国梦"和"世界梦"汇成了人类命运共同体的时代和弦，响彻在"一带一路"辽阔的长空。也正因如此，2017年5月，北京喜迎来自"一带一路"相关国家的元首、政府首脑、前政要、知名企业家和专家学者等各界代表，以及国际组织的负责人等千名领袖，出席"'一带一路'国际合作高峰论坛"。"千人盛会"共襄"团结互信、平等互利、包容互鉴、合作共赢"①之盛举，共商"沿线各国共同把蛋糕做大，一起分蛋糕"之合作共赢大计。这是中华民族和世界历史上都应该铭记的大日子。

以人物传记写作为己任的中国传记文学学会，在"一带一路"倡议实施中，肩负"讲好一带一路民心相通好故事"的使命和责任，这也是国家赋予我们的根本职责和任务。在中国文学艺术界联合会的领导下，在中国社会科学院国家全球战略智库指导下，中国传记文学学会以赤诚的家国情怀、强烈的时代精神、为人传记的责任担当，在认真调研、周密谋划、精心组织基础上，毅然决定倾注全力组织编写出版"'一带一路'列国人物传系"。此煌煌百卷传系讲述近千名各国人物故事，集数百位专家作家尽心挥毫，去冬今春，夜以继日……幸得中国出版集团公司华文出版社出版发行。于是，各位读者得以读到手中的这套活泼而不失厚重、有趣而不失学养的列国人物合传书卷。

---

① 习近平：《弘扬人民友谊，共创美好未来》，2013年9月7日，习近平主席在哈萨克斯坦纳扎尔巴耶夫大学的演讲。

孔子曰："仁者，人也。"让各国的先贤智者的思想光辉，照亮我们探索人类未来的道路。

传记明志，落笔为文，是为总序。

中国传记文学学会会长

"'一带一路'列国人物传系"编委会总主编

王丽 博士

2018年3月8日

General Editor's Preface

The Belt and Road Initiative was conceived in 2013. On September 7, 2013, Chinese President Xi Jinping proposed for the first time the blueprint in a speech at Nazarbayev University during his visit to Kazakhstan:

> Over 2,100 years ago during China's Han Dynasty, a Chinese imperial envoy Zhang Qian visited Central Asia twice to open the door to friendly contacts between China and Central Asian countries as well as the transcontinental Silk Road linking East and West, Asia and Europe.
>
> Shaanxi, my home province, is right at the starting point of the ancient Silk Road. Today, as I stand here and look back into history, I could almost hear the camel bells ringing in the mountains and see the wisps of smoke rising

from the desert. It has brought me close to the place I am visiting. Sitting on the ancient Silk Road, Kazakhstan has made important contributions to the exchanges and cooperation between different nations and cultures. This land has witnessed a steady stream of envoys, caravans, travelers, scholars and artisans traveling between the East and the West. The exchanges and mutual learning thus made possible have contributed to the progress of human civilization.

... Countries with differences in race, belief and cultural background are fully capable of sharing peace and development. This is the valuable inspiration we have drawn from the ancient Silk Road.

... To forge closer economic ties, deepen cooperation and expand development opportunities between Eurasian countries, we should innovate the mode of cooperation and jointly build an "economic belt along the Silk Road".[①] Considering the interests of the world commnity, taking a broad and long view and leading the new era, in Astana, President Xi, through the people of Kazakhstan, for the first time issued a declaration to the world that the old Silk Road

---

① Xi Jinping, *The Governance of China* (Beijing: Foreign Languages Press, 2014) 287.

spirit would once again be rejuvenated and radiant.

On October 3, 2013, President Xi brought up this topic again in his address to the Indonesian Parliament under the title "Jointly Building the 21st Century Maritime Silk Road":

> Southeast Asia has since ancient times been an important hub along the ancient Maritime Silk Road. China will strengthen maritime cooperation with ASEAN countries to make good use of the China-ASEAN Maritime Cooperation Fund set up by the Chinese government and vigorously develop maritime partnership in a joint effort to build the Maritime Silk Road of the 21st century. China is ready to expand its practical cooperation with ASEAN countries across the board, supplying each other's needs and complementing each other's strengths, with a view to jointly seizing opportunities and meeting challenges for the benefit of common development and prosperity.[①]

The two talks framed the full picture of the

[①] Xi Jinping, *The Governance of China* (Beijing: Foreign Languages Press, 2014) 293-295.

conceptual "Silk Road Economic Belt" and the "21st Century Maritime Silk Road", which are collectively referred to as "The Belt and Road Initiative". Between September 2013 and August 2016, President Xi visited 37 countries (18 in Asia, 9 in Europe, 3 in Africa, 4 in Latin America and 3 in Oceania), giving a full exposition of the Belt and Road Initiative, from its overall framework to various details. The milieus of peaceful and all-win cooperation, financial integration, trade liberalization, and people-to-people bonds dispel the haze of anti-globalization and inject new vitality to the stagnant world economy.

The Belt and Road Initiative has been received with global enthusiasm. On November 17, 2016, all 193 member states of the United Nations unanimously passed the Resolution No. A/71/9 during the 71st Session of the United Nations General Assembly. This resolution endorsed China's Belt and Road Initiative, encouraged UN member countries to participate in the Initiative, and urged the international community to provide a safe environment for the implementation of the Initiative.

The Belt and Road Initiative is not a solo of China, but a symphony of countries from Asia, Europe, Africa and the rest of the world. By observing the Charter of the United Nations, China adheres to openness and cooperation, harmony and inclusiveness as well as policy coordination in order to bolster mutual political trust, reach cooperation consensus, coordinate development strategies, facilitate trade, and introduce multilateral cooperation mechanisms. China has established partnerships with over 100 countries and international organizations with the goal of jointly building a new Eurasian Land Bridge and developing China–Mongolia–Russia, China–Central Asia–West Asia, China–Pakistan, Bangladesh–China–India–Burma, and China–Indochina Peninsula economic corridors by taking advantage of international transport routes, relying on core cities along the Belt and Road and using key economic industrial parks as cooperation platforms. At sea, the Initiative will focus on jointly building smooth, secure and efficient transport routes connecting major sea ports along the Belt and Road, so as to achieve a closer connection and cooperation between land and sea routes, with the Pacific, Indian and Atlantic Oceans frequented by ships and vessels. Meanwhile, the Asia-Pacific Economic Cooperation

(APEC), the Asia-Europe Meeting (ASEM), the Greater Mekong Subregion (GMS) Economic Cooperation and many other regional cooperation mechanisms have included the Belt and Road Initiative in their relevant resolutions and documents.

We shall never forget the countries along the ancient Silk Road: Kazakhstan, the country visited by the Han Dynasty imperial envoy Zhang Qian; Pakistan, China's friendly neighbor bound by mountains and rivers; Russia, a country symbolized by a double headed eagle; Mongolia, the prairie country; Nepal, the paradise on the Himalayas; India, a land blessed by the holy river Ganges; Iran, a country full of cultural treasures; Iraq, the country where the famous *Code of Hammurabi* originates from; Yemen, the gate to the Red Sea; Saudi Arabia, the kingdom of petroleum; Bahrain, the pearl of the Persian Gulf; Lebanon, a country of cedars; Kuwait, a rising star of the Persian Gulf; United Arab Emirates, a diamond on the desert; Qatar, a gem on the Arabian Peninsula; Oman, the gatekeeper of the Hormuz Strait; Byelorussia, a country with myriad lakes; Turkey, the center of the crossroads of Eurasia; Israel, a country full of milk and honey; Ukraine, the granary of Europe;

Italy, the pinnacle of culture on the Apennine Peninsula; Switzerland, a country in the Alps; Bulgaria, the land of roses; Germany, a home to great minds; France, the cultural palace of Europe; Belgium, the drawing room of Europe; the Netherlands, a garden of tulips; Spain, the land of passion; United Kingdom, the country of gentlemen which is breaking from the EU; Egypt, a country of pyramids in North Africa; Ethiopia, the roof of Africa whose national flower is Calla Lily; Madagascar, the island nation where vanilla grows, and so on.

The Maritime Silk Road links Malaysia, a country of forests and gardens; Singapore, the flowery country; the Philippines, the country of a myriad of islands; and Indonesia, the emerald of the equator. Along the Lantsang River down to the south, we will pass Vietnam, the land nourished by the Mekong River; Thailand, a country of thousands of Buddhist temples; Cambodia, the home to Khmer smiles; Laos, the land of a million elephants; Sri Lanka, a bright pearl in the India Ocean; Mauritius, the shining star and key of the Indian Ocean; Brunei, a kingdom of gold and green; East Timor, a nation of independence; Maldives, a paradise in the India Ocean; Australia, the nation riding on the sheep's back; New

Zealand, the back garden of God, and so forth.

In the countries along the Belt and Road, names of distinguished figures, ancient or modern, who have affected the destiny of mankind, who have rewritten the history of nations, and who have had contacts with China, can still be found in today's textbooks, films and TV shows. We can still feel their enduring influence and charm on generations of young people.

Of course, for the Chinese people, the pioneers of the ancient Silk Road are more familiar. Yet, those who have devoted themselves to the building of the new Silk Road equally deserve our respect. In May 2017 during the Belt and Road Forum for International Cooperation, Beijing welcomed thousands of guests from around the world, including heads of state, heads of government, former politicians, business leaders, experts, scholars, and principals of international organizations. They gathered together in the common spirit of solidarity and mutual trust, equality and mutual benefit, inclusiveness and mutual learning, and win-win cooperation, to discuss how countries along the Belt and Road can work together to make the "pie" bigger and shared by all for mutual benefit.[①] This is a big day that should be remembered as a landmark in the history of the Chinese nation and the world.

The Biography Society of China, which makes it its mission to promote biography writing, shoulders the task and responsibility of telling well the stories of friendly exchanges among people of countries along the Belt and Road. This is also the fundamental duty and task assigned to us by our nation. Therefore, through careful investigation and passionate planning, the Biography Society of China decided to publish a hundred-volume series titled *Remarkable Lives Along the Belt and Road*. This project receives support from the China Federation of Literary and Art Circles and guidance from the National Institute of International Strategy of Chinese Academy of Social Sciences. From last winter till this spring, hundreds of experts were working around the clock on the biographies of a thousand remarkable lives. Here the series is presented to you.

As Confucius said, "Humanity is of humans". Let the lights of those great minds and lives illuminate our future

---

① Xi Jinping, "Promote People-to-People Friendship and Create a Better Future", Speech delivered at the Nazarbayev University, Kazakhstan, September 7, 2013.

path of exploration.

Comments, criticism and suggestions will all be appreciated.

Dr. Wang Li
Chairwoman:
The Biography Society of China
General Editor:
Remarkable Lives Along the Belt and Road
March 8, 2018

目 录

引言 ·· 1

百日维新的短命帝王——光绪 ································ 18
   1. 少帝无权,奈何慈禧垂帘听政 ···················· 20
   2. 支持变法,不做"亡国之奴" ······················ 21
   3. 废除科举,倡导新式教育 ·························· 24
   延伸阅读 ·· 33
      中国维新第一导师翁同龢 ························ 33

新式外交的开拓者——奕訢 ································ 45
   1. 才华出众,年轻的"军机大臣上行走" ········ 47
   2. 外交斡旋,忍气吞声签下屈辱条约 ············ 50
   3. 健全外交机制,为中国近代外交奠基 ········ 53
   4. 协理洋务,朝廷里支持改革的领袖 ············ 56
   延伸阅读 ·· 59
      "中国铁路之父"詹天佑 ···························· 59

力推洋务的晚清重臣——李鸿章 ⋯⋯ 64
1. 掌握军政实权的封疆大吏 ⋯⋯ 66
2. 兴办洋务,谋划海防 ⋯⋯ 68
3. "便宜行事"的议和大臣 ⋯⋯ 71

晚清中兴第一名臣——曾国藩 ⋯⋯ 75
1. 进入仕途,不甘自我堕落 ⋯⋯ 77
2. 操练湘军,镇压太平天国 ⋯⋯ 83
3. 倡导洋务,维护国家权益 ⋯⋯ 93
4. 处理对外关系,推崇忠信笃敬 ⋯⋯ 99
5. 选派小留学生,回国"酌量器使" ⋯⋯ 104

洋务运动首领——左宗棠 ⋯⋯ 109
1. 遇贵人展现军事才能 ⋯⋯ 111
2. 造船设厂,创建福州船政局 ⋯⋯ 118
3. 出任钦差,安定西北收复新疆 ⋯⋯ 124
4. 强硬对抗,抗击列强张国威 ⋯⋯ 134

中国实业之父——盛宣怀 ⋯⋯ 140
1. 争利权创办轮船招商局 ⋯⋯ 142
2. 为自强开办煤铁厂矿 ⋯⋯ 149

3. 把电报局和纺织厂办成民族企业 …………… 155
4. 适应经济发展需要，多管齐下办实业 …………… 160
5. 重视人才培养，创办北洋大学和南洋公学 …………… 167

清末状元实业家——张謇 …………… 174
1. 曲折的仕途，树立"实业救国"理想 …………… 176
2. 为民族工业发展，创办大生纱厂 …………… 180
3. 建立原料基地，创办垦牧公司 …………… 185
4. 重视民族工业，兴办职业教育 …………… 188
延伸阅读 …………… 192
　　近代证券交易市场的出现 …………… 192

中国自由主义思想之父——严复 …………… 195
1. "开北方风气之先"，执教北洋水师学堂 …………… 197
2. "鼓民力、开民智、新民德"，鼓吹教育救国论 …………… 198
3. 提倡西学，"以自由为体，以民主为用" …………… 202
4. 严复的"自由主义"："众乐"是最大的善 …………… 204

维新变法的精神领袖——康有为 …………… 212
1. "拒和、迁都、变法"，发起公车上书 …………… 214
2. 鲁莽、激进，百日维新惨遭失败 …………… 216
3. 鼓吹君主立宪的思想主张 …………… 218

延伸阅读 ················· 221
　"三民主义"与辛亥革命 ··········· 221

后　记 ···················· 229

Contents

Introduction / 1

The Short-lived Emperor Who Launched the Hundred Days of Reform——Guangxu / 18

The Trailblazer of the New Diplomacy——Yixin / 45

Important Minister That Gave Great Impetus to the Westernization Movement in the Later Qing Dynasty
——Li Hongzhang / 64

The Most Eminent Minister during the Resurgence Period
——Zeng Guofan / 75

The Leader of the Westernization Movement
——Zuo Zongtang / 109

The Father of Industry in China——Sheng Xuanhuai / 140

The Champion Industrialist in the Later Qing Dynasty

　　——Zhang Jian / 174

The Father of Liberalism Thoughts in China

　　——Yan Fu / 195

The Sprit Leader of Constitutional Reform and Modernization

　　——Kang Youwei / 212

Afterword / 229

引 言

中国是人类历史最早的发源地之一，也是四大文明古国之一。1840年的鸦片战争，中国的大门开始被侵略者打开，中国人民开始了近代屈辱的历史，中国人从未如此深刻地体会到民族即将面临灭亡的危机，危机也迫使一些有识之士和进步的知识分子、思想家、改革家以及千千万万爱国的中国人开始主动去了解外面的世界。面临着这样一个内外交困的局面，外有列强入侵，内有复杂的社会矛盾，面对国家、民族存亡的危机，上至统治阶级，下至底层知识分子，都为振兴国家、拯救民族危亡做了不懈的努力，也取得了一定的成果。他们的改革，为中国真正摆脱弱国地位，走向进步、富强找到了突破口，为日后的变革和革命积蓄了深厚的力量。

纵观世界各国近代史，英、法、美三个国家分别于17世纪中期、18世纪末、19世纪初期走上资本主义道路，经济得到快速发展，这些国家纷纷向外扩张。沙俄也废除农奴制，进行改革，解放了劳动力，调整了生产关系，资本主义也得到迅速发展。仍然处于封建统治下的近代中国开始逐渐落后于西方国家，根本原因是当西方国家资本主义迅速发展的时候，中国仍处在以小农经济为经济基础、君主专制为政治体制的封建社会，这导致了中国的经济、政治、科技、文化的发展都全面落后于西方。"落后就要挨打"，这是千古不变的真理。贫弱的中国只有探索出一条新的道路，方能摆脱困境，再度兴起。

然而，从鸦片战争到辛亥革命短短几十年的时间，清政府被迫与外国列强签订了数百个不平等条约，割地赔款。当时在中国1.8万多千米的海岸线上，竟找不到一个中国自己享有主权的港口。国家有海无防，有边不固，绝大部分中国领土成了帝国主义的势力范围：俄国在长城以北；英国在长江流域；日本在台湾、福建；德国在山东；法国在云南。中华民族的国土被蹂躏践踏，已经支离破碎。这一时期，中国社会现状表现为以下两大方面。

一是清廷封建统治的没落与列强的侵略。

1840年以后的中国近代史，实际上是一部屈辱的列强侵华史，相继爆发的第一、第二次鸦片战争，以及中法战争、中日甲午战争、八国联军侵华战争等，迫使中国签订一系列不平等条约，中国由此一步步陷入半殖民地半封建的苦难深渊。

第一次鸦片战争前夕，英国的工业革命初步完成，急需市场出口货物，中国恰好符合这个条件，能成为英国大量商品的倾销地。中国出口的丝绸、茶叶、瓷器等在欧洲市场十分受欢迎，英国的羊毛、呢绒在中国却不受青睐，所以英国人希望中国能够开放贸易，但是清政府认为天朝富足，没必要与英国进行贸易。这令英国人大为不满。为了扭转对华贸易逆差，英国开始向中国走私毒品鸦片，获取暴利。

大量鸦片流入中国市场后，每年我国因此损失的白银高达600万两，清廷财政开始枯竭，国库空虚。随着吸食者的日益增多，社会风气严重败坏，不仅损害人们的身心健康，破坏生产力，甚至军队也有人吸食鸦片，军人身体变得虚弱，失去作战能力。

鸦片贸易给中国社会带来严重危害，"鸦烟流毒，为中国三千年未有之祸"（魏源：《海国图志》）。1838年12月，道光皇帝派林则徐到广东，以钦差大臣的身份前去禁烟。林则徐到达广州之后,勒令外国烟贩交出所有鸦片,并在虎门集中销毁,这就是历史上著名的"虎门销烟"。

林则徐虎门销烟有力遏止了英国在中国的不正当贸易,1840年,英国以此为借口,用坚船利炮撞开了中国市场的大门,第一次鸦片战争爆发。战争期间,除了清军的奋勇抵抗外,中国人民更是积极配合军队,自发坚持反侵略斗争,侵略者所到之处,当地人民英勇抗击。英军攻陷厦门时,在当地民众积极抵抗下,侵略者被迫退守鼓浪屿;英军入侵浙江后,浙江人民组织的"黑水党"狠狠地打击了英军;英军进犯长江时,当地人民采用各种手段,阻止英国舰队前进。虽然无数的爱国人士拼死抵抗侵略者,但由于中国的军队水平远远落后于初步近代化的资本主义军队,长刀短剑无法抵御英国的坚船利炮,再加上腐朽懦弱的清政府奉行妥协的方针,最终导致了第一次鸦片战争的失败。

战败后,道光帝怕危及自己,派人向英国求和。1842年,清政府与英国签订了中国近代史上第一个丧权辱国的不平等条约——《南京条约》。条约中,我国不仅将香港岛割让给英国,赔偿2100万银元,清政府还被迫开放了广州、厦门、福州、宁波、上海5个通商口岸,并且接受了英国协定关税的要求,中国开始沦为半殖民地半封建社会(参见人教版《中国历史》

八年级课本上册)。

《南京条约》签订后,英国商品大量涌进中国市场,但从战后10年间英国对华输出贸易额来看,整个工业制造品的输出并无多大的增长,可见中国市场的容量并没有英国估计的那么大。面对这种情况,外国侵略者一方面谋划向清政府索要更多的特权,企图进一步打开中国市场;另一方面又利用不平等条约的庇护,进行猖獗的走私活动。在5个口岸,特别在上海、广州、厦门贸易量较大的3个口岸,走私漏税成为普遍现象。

除了对中国进行商品倾销,这一时期,外国侵略者还以极其卑劣的手段抢掠中国的财富,他们依靠武装力量,借口东南沿海有海盗活动,以所谓"护航"的名义在东南沿海洗劫中国商船。这是赤裸裸的土匪行径,使用的正是这些列强在资本原始积累时期的掠夺方式。葡萄牙为始作俑者,而后,英、美、荷等国先后加入,他们不但向中国商船勒收"护航费",还在沿海村庄抢掠烧杀,使得无数百姓家破人亡,流离失所。而清政府却迫于帝国主义压力,对这些恶行完全不敢干涉。

1856—1860年,爆发了第二次鸦片战争。这是英法联军为了进一步扩大在中国的权益而发动的侵华战争,而美、俄坐收渔人之利。英、法、美、俄强迫清政府签订了《天津条约》《北京条约》等一系列不平等条约，让中国丧失了更多的领土和主权，外国侵略势力已经扩大到沿海各省和长江中下游地区，进一步加深了中国社会的半殖民地化程度。

第二次鸦片战争后，由于外国资本主义强加于中国的一系列不平等条约，中外关系发生了本质的变化。首先是中国的主权的残缺，中国日益沦为一个半殖民地半封建国家。其次，中外在政治、经济上已不再是平等的关系，中国已处于被西方侵略、奴役的地位。西方列强逼迫中国政府签订了一系列丧权辱国的条约，大肆攫取在中国的特权，并在特权的庇护下，从事更多利益的掠夺，使中国政治、经济和文化各方面遭受了严重的灾难。

与此同时，第二次鸦片战争之后，为了抵抗太平天国运动，清政府和国外的侵略者相互勾结，共同对抗中国人民，洋务派中出现部分官僚开始在朝廷中夺取大权。

清政府中上海地区开始出现像何桂清、薛焕一类的"洋务"官僚，在太平天国的势力扩展到长江下游地区的时候，他们为了维护封建主义的政权，在买办分子和侵略者的引诱下，主张向侵略者投降，共同镇压太平天国运动。

在闭关锁国时期，清政府与外国基本没有外交活动，只有"藩属"定期向清政府"朝贡"，所以在清政府的中央政治体制中，只存在礼部和理藩院。礼部负责海路的"朝贡"，理藩院负责陆路的"朝贡"，没有专门机构负责外交事务，如果涉及外交，外国等同"藩属"地位，所有事务一概由理藩院负责，这也表现了清政府抱守残缺的"天朝上国"的心理。

在对外交往上，第二次鸦片战争后，在现实形势的逼迫下，清王朝不得不与西方资本主义列强建立正式的外交关系，况且洋务派认为此举有益于清朝的统治。为此，咸丰十一年（1861），清政府设置总理各国事务衙门（总理衙门）专掌外交，它是中国近代第一个常设外交机构。以这个机构的设置为标志，清政府下定决心抛弃闭关政策，以洋务派作为清政府外交的实际掌权派，开始与西方国家建立外交关系。另外，总理衙门成立后，它的权力不断膨胀和扩张，其实际职权不再局限于严格的外交事务，逐渐发展到对外贸易、海关税务、外人传教、电报、铁路、矿务、海军以至于工业制造等事务的管理。实际上，总理衙门成了清政府和外国侵略者互相勾结的机构。

清光绪九年至十一年（1883—1885），中法战争爆发。这是由于法国侵略越南进而侵略中国而引起的一次战争。在这次战争中，中国本可以取得最后的胜利，但是由于清政府的懦弱、妥协，使得中国不战而败，法国不战而胜。

清光绪二十年（1894），爆发了日本侵略中国的甲午战争。这场战争以中国战败、北洋水军全军覆没而告终。到光绪二十一年（1895），清政府迫于日本军国主义的军事压力，签订了丧权辱国的不平等条约——《马关条约》。根据条约规定，中国割让辽东半岛、台湾岛及其附属各岛屿、澎湖列岛给日本，赔偿日本2亿两白银。中国还增开沙市、重庆、苏州、杭州为商埠，并允许日本在中国的通商口岸投资办厂。这给中华民族带来了深重的民族危机，极大地加深了中国社会半殖民地化的程度。

中日甲午战争中国战败后，各国列强对中国虎视眈眈，中国的国际地位一落千丈。随着民族危机的不断加深，人们反抗帝国主义斗争的情绪日益高涨，最终爆发了义和团运动。清政府面临内忧外患，无力抵抗，大英帝国、法兰西第三共和国、德意志帝国、奥匈帝国、意大利王国、日本帝国、俄罗斯帝国、美利坚合众国8国在各国驻华公使会议上正式决定联合出兵镇压义和团，以"保护使馆"的名义，调兵入北京，清政府被迫同意（参见人教版《中国历史》八年级上册）。

八国联军侵华，给当时的中国带来了深重的灾难。联军所到之处，杀人放火、奸淫抢劫，无数村镇沦为废墟。连八国联军总司令瓦德西也供认，"所有中国此次所受毁损及抢劫之损失，其详数将永远不能查出，但为数必极重大无疑"（参见人教版《中国历史》八年级上册）。火烧圆明园是八国联军侵华所犯的最严重罪行。历史上，火烧圆明园发生过两次。第一次火烧圆明园发生在清咸丰十年（1860），英法联军侵入北京，像野蛮的盗贼一样在北京城到处烧杀抢掠，无恶不作，使举世闻名的圆明园在大火之中毁于一旦。第二次火烧圆明园发生在清光绪二十六年（1900），八国联军再次入侵北京，一把火烧掉了残存的13处皇家宫殿建筑。火烧圆明园事件给了我们惨痛的教训：国家贫穷、落后、软弱就要挨打。

八国联军的军事力量远胜于中国军队，不堪一击的清廷军队立即被击溃，慈禧太后携光绪帝慌忙逃往陕西西安避难，同时派庆亲王奕劻为全权大臣、李鸿章为协办大臣正式向外国列强求和。

清光绪二十六年，也就是1900年，清政府与8国签订了《辛丑条约》。《辛丑条约》是中国近代史上赔款数目最庞大、主权丧失最严重的不平等条约。条约规定：1.中国赔款价息合计9.8亿两白银；2.划定北京东交民巷为使馆界，允许各国驻兵保护，不准中国人在界内居住；3.清政府保证严禁人民参加反帝运动；4.清政府拆毁天津大沽口到北京沿线设防的炮台，允许列强各国派兵驻扎于北京到山海关铁路沿线要地（参见人教版《中国历史》八年级上册）。该条约标志着清政府完全成为帝国主义统治中国的工具，中国彻底沦为半殖民地半封建社会。

清王朝内部日益腐朽，封建统治也走到了历史的尽头。在列强的侵略和刺激下，中国的民族资本主义初步成长。为了推翻清政府的专制统治，挽救民族危机，争取国家独立，1911年辛亥革命爆发了，这次革命结束了中国长达两千年之久的君主专制制度，使民主共和的观念深入人心。

从1840年鸦片战争的开始到1911年辛亥革命前，列强对中国的侵略从未停止过，尤其是19世纪末世界掀起了瓜分中国的狂潮，使清廷统治下的中国遭受严重的创伤。外国列强在政治上对中国加强控制，在经济上疯狂掠夺，阻碍中国民族工业的发展，中国的自然经济进一步遭到破坏，列强强占租借地，还划分"势力范围"，这使中国陷入亡国灭种、从半殖民地沦为殖民地的巨大危机。

二是中国人民的抗争与洋务运动的兴起。

自鸦片战争到辛亥革命的70多年间，中国人不屈不挠，反对外来侵略。地主阶级最先觉醒，"师夷长技以制夷，师夷长技以自强"，掀起了洋务运动；农民阶级有太平天国运动、义和团运动；资产阶级诞生并一步步发展壮大，维新派有戊戌变法，革命派有辛亥革命。

第一次鸦片战争是中国近代史的开端，西方国家的坚船利炮，不但迫使这个闭关排外、盲目自大的国家打开国门，还让清王朝"天朝上国"的美梦一下子被击碎，自此，中国再也无法轻视外国先进的工业技术，对其不屑学习了。少数开明进步的人物，开始主张向西方国家学习。而腐朽的统治阶级却直到在第二次鸦片战争后，从侵略者协助镇压太平天国革命的过程中，看到了外国的锐利武器对于镇压革命人民的效用，才意识到向西方国家学习的重要性，而且学习也仅限于仿习制造武器，所谓"洋务运动"便是由此而起。

在第二次鸦片战争之后，除了朝廷里的一些洋务派当权人物，一些拥有兵权实力的地方军阀也是洋务派的势力群体之一。在镇压太平天国革命的过程中，一些汉族地主阶级官僚，得到清政府的信任，掌握了统兵大权，他们和外国侵略者进行勾结，取得侵略者的帮助，加强了他们所控制的军事力量，形成一批新军阀。像曾国藩、左宗棠、李鸿章这些所谓"中兴名将"，都是洋务派的中坚人物。自19世纪60年代起，清政府每遇到对外交涉的大事，都要征询各省将军督抚大吏的意见。这些洋务派新军阀既拥有实力，又和外国侵略者搭上了关系，他们在外交事务上的意见自然为清政府所特别重视。

洋务派看起来在外交事务上拥有很大主动权，但是顽固派仍不可小觑，他们的背后有慈禧代表的叶赫那拉氏的支持。慈禧是清朝的最高统治者,也是顽固派的首领,面对外国侵略者的步步紧逼,她为了维护自己的统治,必须利用洋务派来对付外国侵略者,但是洋务派的领导者大多是汉人,慈禧又不得不防,所以为了限制洋务派的发展,她一直在放纵、支持顽固派。

在洋务派的指导下,19世纪60年代中清政府的一些重大措施,可以说都是"洋务"思想的具体表现。这些重大措施包括:外交机构的设置;勾结外国侵略者对人民革命运动的联合镇压;派遣使节出洋的尝试;尤其以所谓"自强"为标榜的"洋务运动"。

"洋务运动"最初是在所谓"自强"的口号下开始的。咸丰十一年,也就是1861年,洋务派首领奕䜣提出"探源之策,在于自强,自强之术,必先练兵"(《筹办夷务始末》,同治朝,第72卷)的意见,主张添置枪炮,加强操演。后来在镇压太平天国革命中,他的这种思想有了进一步的发展。同治三年(1864),他又上奏提出"自强以练兵为要,练兵又以制器为先"(《统筹全局折》)的主张。另一洋务派首领李鸿章也认为"中国欲自强,莫若学习外国利器,欲学习外国利器,则莫如觅制器之器"。在洋务派看来,"自强"的首务在办军事工业,制造武器,以加强军事力量,而加强军事力量的主要目的是应对内患,因为"内患除则外侮自泯"(《筹办夷务始末》,咸丰朝,第72卷)。不但如此,他们还有一层深虑，怕革命人民"潜师洋法，独出新意，一旦辍耕太息，出其精能，官兵陈陈相因之兵器，孰能御之"（《致总理各国事务衙门书》）。

因此，发展强大的军事工业，成了洋务运动第一阶段（19世纪60年代开始）的中心任务。这一阶段洋务派所建立的主要军事工业企业有：江南制造总局（1865年李鸿章创办于上海，为这一时期中成立的最初军事工业，最初计划以造船为主，后来改造枪炮）、金陵机器局（1865年李鸿章创办于南京，专造枪炮）、福州船政局（1866年左宗棠创办于福州，专营造船）、天津机器制造局（1867年崇厚创办于天津，制造火药枪炮）……除了从事制造，这些军事工业企业还经营外洋军火的进口业务。

这些军事工业，并不是洋务派独立创办的，而是借助了外国侵略者的协助。主要的军事工业，都由外国人主持或担任高层管理人员。外国侵略者之所以积极支持洋务派所办的军事工业，并非出于帮助清朝的目的，而是带着另外的意图。一方面，他们帮助洋务派创办军事工业，可以借助清政府的力量镇压中国人民的革命；另一方面，这也能加深地方军阀对西方国家的依赖性，西方国家可以更大范围更强力地掌控地方军阀，实现对中国的控制。说到底，外国侵略者帮助洋务派创办军事工业，实际上是要为他们自己谋取暴利。可见，以"自强"为标榜的"洋务运动"的第一阶段，实质上是中外反动派在镇压太平天国革命后继续为镇压中国人民而进行的军事合作的一种形式。

鸦片战争同时也激化了清廷内部的阶级矛盾，出现农民起义的高潮。清咸丰元年（1851），众多农民在洪秀全的带领下发动了金田起义，建立了太平天国政权，两年后，定都天京（今南京），同时颁布了《天朝田亩制度》。太平天国一度在军事上达到了全盛时期，后来因为太平天国内部矛盾的激化引发了天京事变，太平天国运动失败。此次洪秀全领导的太平天国运动虽然以失败告终，但它沉重地打击了封建王朝的统治，勇敢地开始向西方寻求真理，并担负起反封建、反侵略的任务（参见中华人民共和国年鉴编委会编著：《中华人民共和国年鉴2015》，中华人民共和国年鉴社2015年版）。太平天国运动成为中国历史上农民战争的一个高峰。

中日甲午战争后，中国民众的民族危机意识空前强烈，再加上中国民族资本主义的初步发展，民族资产阶级开始登上历史的舞台。为了挽救民族危机、发展民族资本主义，以康有为、梁启超为首的资产阶级维新派率先掀起维新变法运动。但是由于慈禧太后等顽固派发动政变，使得维新运动以失败而结束。这场资产阶级性质的改良运动，在社会上起到了思想启蒙的作用，促进了资产阶级思想文化在全国的传播。同时，这场维新运动的失败也说明资产阶级改良道路不适合中国。

义和团原本是以"反清复明"为口号的反对清朝封建贵族统治的秘密团体。随着帝国主义的侵略加深，义和团开始支持清朝抵抗西方，口号也改为了"扶清灭洋"。客观上，义和团运动打击了帝国主义列强瓜分中国野心，促进了中国广大人民群众的觉醒，所以义和团运动是一场反帝爱国运动。义和团运动虽然也失败了，却意义深远。它不仅粉碎了帝国主义列强瓜分中国的狂妄计划，还沉重地给了懦弱无能的清政府沉重一击，加速了清政府的灭亡。

在20世纪初，随着资产阶级民主革命思想的广泛传播，中国出现一批如章炳麟、邹容、陈天华等著名民主革命思想家和宣传家，而且资产阶级革命团体也陆续建立起来。清光绪三十一年，也就是1905年，由孙中山领导和组织的一个统一的全国性资产阶级革命政党——中国同盟会的成立，标志着中国的资产阶级民主革命进入了一个新的阶段。革命派通过与保皇派的论战，进一步传播了民主革命思想，有力地推动了民主革命高潮的到来。

中国近代史，是一部充满灾难、落后挨打的屈辱史，是一部中国人民探索救国之路，实现自由、民主的探索史，是一部中华民族抵抗侵略，打倒帝国主义以实现民族解放、打倒封建主义以实现人民富强的斗争史（刘春福著：《中国近代史》，煤炭工业出版社2016年版）。在这段充满屈辱和反抗的历史中，中国出现了众多为近代史发展作出巨大贡献的人物，上至皇帝权贵，下到平民百姓，不仅有代国出征的外交人物，也有洋务运动中涌现出的一批实业家、企业家。

回顾中国近代的历史，可以让我们更深入地了解那些希望能够通过工业救国、教育救国、科学救国改变我国落后面貌的爱国之士和民族志士，历史因为有了他们而使中国出现了新的气象和面貌，是他们推动了社会的向前发展，让中国奔向世界强国更进了一步。他们之中有积极支持百日维新的光绪帝；有崇尚新式外交的开拓者奕䜣；有力推洋务的晚清重臣李鸿章；有晚清中兴第一名臣曾国藩；有洋务运动的领袖人物左宗棠；有中国实业之父盛宣怀；有清末状元实业家张謇；有维新变法的精神领袖康有为等。阅读他们的故事和人生事迹，能让我们看到近代中国的屈辱外交和民族产业的艰难发展。一方面让我们为近代中国的遭遇愤懑不已，明白落后就要挨打的道理；同时，也让我们为现代中国的蓬勃发展和国力的壮大而感到骄傲和自豪。尤其是，我国领导人提出的"一带一路"的倡议，推进了新时期中国与世界各国的共同发展。

我们再也不是近代史中落后挨打的弱国,因为"一带一路"的发展模式和资本主义、殖民主义、帝国主义的发展有本质区别,它不以掠夺别国以自肥,而是追求与全世界各国人民的共同发展与合作共赢。

让我们再一次在前人的故事和英勇事迹中,更加透彻地理解"一带一路"对当今中国经济发展的意义,对中华民族伟大复兴的重要作用,进一步激励我们不断学习、更加进步,为国家的繁荣昌盛作出自己的贡献。

百日维新的短命帝王——光绪

爱新觉罗·载湉（1871—1908），史称"光绪帝"，清朝第11位皇帝，定都北京后的第9位皇帝，在位34年，庙号德宗。光绪帝属于清廷中的改革派，他极力支持维新派变法以图强，光绪二十四年（1898），实行"戊戌变法"，但变法却遭到以慈禧太后为首的保守派的反对，加上被袁世凯出卖，变法仅仅持续了103天便宣告失败，所以又称"百日维新"。变法失败后，光绪帝本人也被慈禧太后幽禁在中南海瀛台，此后，一直郁郁不得志。光绪三十四年（1908）十一月十四日，光绪帝驾崩，享年37岁，谥号"同天崇运大中至正经文纬武仁孝

光绪

睿智端俭宽勤景皇帝"。葬于清西陵之崇陵。

1. 少帝无权，奈何慈禧垂帘听政

同治十年（1871），载湉出生于北京宣武门太平湖畔醇王府，其父奕譞是道光帝的第七子，其母是慈禧的胞妹。同治十三年（1874），同治皇帝载淳病死，为了保证自己可以再次垂帘听政，慈禧太后一意孤行，选择了载淳的叔叔醇亲王奕譞之子载湉继承皇位，是年载湉仅3岁。慈禧的这步政治大棋，注定了载湉悲剧的一生。

1875年2月25日，载湉正式即位，这一年为清朝光绪元年。从此，光绪皇帝就作为慈禧太后专权的政治工具，在慈禧太后的控制下，开始了他34年的皇帝生涯。

当上皇帝，对许多人来说，可能是天大的幸事，但对年幼且深受慈禧太后控制的载湉来说，这一切都充满痛苦。光绪皇帝入宫后，陪伴他的只有孤独，烦琐的宫中礼节，慈禧的严词训斥，母爱的缺乏，加上生活无人悉心照料，让光绪皇帝的童年异常艰辛、痛苦，毫无快乐可言。这样的成长环境和童年经历，使光绪从小就心情抑郁，精神不快，且体弱多病。

光绪二年（1876）四月二十一日，5岁的光绪皇帝开始上学读书，地点在毓庆宫，老师是侍郎、内阁学士翁同龢和侍郎夏同善，由慈禧亲自为他选定。翁、夏二人是同科进士，二人各有分工，翁同龢主要教光绪识字、读四书，夏同善主要教光绪写仿格、写字，另外，御前大臣主要教光绪学满语文、蒙古语文和骑射。虽然年幼，但光绪读书比较用功、进步很快。

光绪十三年（1887），慈禧为16岁的载湉举行了亲政典礼，两年后，慈禧太后才允许光绪亲政。

光绪二十六年（1900），八国联军侵华，攻陷北京。慈禧太后带着光绪帝逃亡西安。珍妃是光绪帝的宠妃，她支持变法，而且力主光绪帝应该留在北京抗战。慈禧早就对她恨之入骨，临行前命人将珍妃推入井中溺死，后被留守的太监捞出，埋在西直门外。对于珍妃的死，慈禧对外宣称珍妃没来得及跟随皇帝出宫，在皇宫殉难，还追封其为恪顺皇贵妃。第二年，慈禧携光绪自西安回京后，光绪帝还居住在瀛台，已经是没有实权的傀儡皇帝，只有光绪年号而已。

2.支持变法，不做"亡国之奴"

光绪帝亲政后，依旧受到慈禧的控制，没有多少实权，朝廷中的一些大事都要先向慈禧请示才可决定。

虽然没有多少实权，但光绪帝仍然迫切地想了解世界的情况。光绪十六年（1890），驻美公使张荫桓从美国回来。光绪帝便迫不及待地召见他，询问他国外的情况。后来他又从《日本国志》中了解日本，对日本的明治维新印象深刻。冯桂芬的《教邠庐抗议》让光绪帝萌发了改变中国现在积贫积弱的状况的志向。

在中日甲午战争中，光绪帝主战不主和。后来他给李鸿章下谕旨叫他不要贻误军机。他直接命令朝鲜牙山南路叶志超和在朝鲜北部的清军共同对日军夹击。他还多次下令增加兵力，筹集军饷，慈禧太后挪用军饷建造颐和园，也被光绪帝停了。李鸿章始终没有听从光绪帝的谕旨，致战事不利，最后不得已批准了《马关条约》。中日甲午战争的失败绝对不是光绪帝主战的罪过，而是因为控制实权的慈禧等清朝统治者的腐败造成的。

中日甲午战争战败，光绪帝感到耻辱，立志要振兴国家，一洗战败之耻。

《马关条约》的签订加剧了中国的民族危机。光绪二十一年（1895）四月二十二日，康有为发动了公车上书，提出拒和、迁都、练兵、变法要求。

列强瓜分中国的威胁迫在眉睫，康有为再次上书，请求变法。民族危机和公车上书坚定了光绪帝变法的决心，他决定用手中的权力全力支持康有为变法。光绪二十四年（戊戌年，1898）四月十三日，御史杨深秀上奏请求定国是，后经慈禧同意后，光绪颁布了《明定国是诏》，从政治、经济、军事、文教等方面实行变法，旨在挽救濒临危亡中的中国。对于维新派的主要人物，光绪帝也做了恰当安排，同时允许康有为专折奏事，为方便其上奏，还允许他在总理衙门章京上行走。在103天的时间里，光绪帝就颁布了100多条新政上谕。

光绪帝企图通过发布御令形成自上而下的全国性改良运动，但是遭到了地方顽固势力尤其是以慈禧为首的朝廷保守势力的阻挠。

慈禧太后起初同意变法，但是她害怕变法后她的权力会受到威胁，于是又百般阻挠。她下懿旨革了变法中坚人物翁同龢协办大学士、户部尚书职务，又任"后党"重要人物荣禄为直隶总督，还规定新任职的二品以上的官员要向她谢恩。

后来光绪帝将6名阻挠变法的礼部堂官革了职，并重新任命了7名新堂官，有4名是维新支持者，这让慈禧十分恼怒。七月二十日，光绪帝任命维新派重要人物江苏候补知府谭嗣同、刑部候补主事刘光第、内阁候补侍读杨锐、内阁候补中书林旭担任四品衔章京，共同处理新政事务。

后来维新派还想聘请当时已经不在政的日本前首相伊藤博文担任顾问，但最终未能实现。此时又有很多利益受到损害的顽固守旧派更多地聚集到慈禧的身边，请她出面制止变法。于是，慈禧太后发动政变，百般阻挠变法的顺利进行。

八月六日，慈禧发动政变，光绪帝被拘禁于瀛台，慈禧太后实行第三次"训政"，戊戌变法失败。清廷下令全面追究变法者，其中康有为、梁启超逃往国外，张荫桓戍边，徐致靖遭永禁，杨深秀、谭嗣同、杨锐、林旭、刘光第、康广仁（康有为之弟）等6人被处斩。轰轰烈烈的维新运动，仅留下了京师大学堂，其余举措被全部废除。但从这次变法的性质和目的来看，这场运动是光荣而且伟大的，这是中国历史上第一次资产阶级改良运动，它表明中国资产阶级登上了历史舞台，并对中国历史的走向产生了巨大的作用。

光绪帝支持康有为、梁启所推行的变法运动，对社会进步而言是一次积极的尝试，也确实取得了一定的成果，因为戊戌变法毕竟显示了资产阶级的力量和改革的必要性。但作为封建帝王，光绪帝变法的根本目的在于维护和巩固清王朝统治，他不可能代表民族资产阶级的利益。资产阶级要实现第一次社会巨大变革，还得依靠自身的力量，依靠资产阶级民主革命。

3.废除科举，倡导新式教育

科举制度自隋唐时建立起来，对于封建王朝选拔人才，巩固统治起了很大作用。明、清两朝，科举日益腐败，到了清末新式学堂兴起，科举制度就成了发展新式学堂的障碍。对如何处置科举，清政府内部意见不一。

戊戌变法出台了设立经济特科、取消八股考试的措施，但变法失败后，这些措施均一笔勾销。光绪二十七年（1901）拟行新政后，又重新确认了这两项改革措施，并由慈禧太后亲自下旨督成。与此同时，一些官僚和封疆大吏认为暂时保留科举只是为了给完全推行新式学堂一个缓冲期，科举最终要被取消。刘坤一、张之洞就曾就此意见上奏。此后，不断有官僚表示要废止科举制度。光绪二十九年（1903）二月，张之洞、袁世凯上书请求废科举，不但要求确定废科举的最后期限、具体步骤和时间表，还提出按科递减以最终彻底废除科举的方案。后来，张百熙、荣庆、张之洞按此方案拟定了《递减科举注重学堂折》，"请自下届丙午科起，每科分减中额三分之一。俟末一科中额减尽以后，即停止乡会试"。光绪二十九年十一月二十六日（1903年1月13日）《递减科举注重学堂折》与《奏定学堂章程》同时奏准，确定科举逐科递减，10年后彻底废除。然而，10年，对于许多渴望兴新学的知识分子和官僚来说，实在太长了。他们恨不得立刻废止这已经不合时代潮流的科举制度。

此后不到两年，张之洞、袁世凯等人即主张立刻废除科举，且态度十分坚定。他们联合其他各省督抚，上奏立即停止科举，并强调取消科举与兴办新式教育的利害关系。在这样的形势下，清廷不得不下令提前结束科举制，光绪三十一年八月四日（1905年9月2日），光绪帝下旨从丙午年（1906）开始，停止一切科举考试。

在中国沿用了1300多年的科举制度，终于在清朝光绪皇帝的一道圣旨下被彻底废除了。而从开始讨论到真正废除科举，只花了两年时间，可见科举制的腐朽程度，同时也能看到清末一些改革者的改革决心。科举制被废除后，改革者大力兴办新学，仅仅几年，就取得十分可观的成绩，各级学校数量大大增加，仅宣统元年（1909），全国即已有各级各类新式学堂1万多所，京师以外的在校学生超过160万人。晚清的这股办新学热潮，极大地推动了中国近代教育的进步，也为社会进步和变革培养了大量人才。从某种意义上讲，这场新学热潮，加速了清朝——中国最后一个封建王朝的灭亡。

光绪三十二年（1906），科举制的废除，阻断了无数仕子靠科举进入仕途的道路。所以虽然朝廷下令彻底废除科举，废除后新式学堂也如雨后春笋般兴起，但学校与科举之争仍在继续，清末甚至民初仍有人不断提出要恢复科举。

清末维新教育的改革对推动近代教育学的诞生，有着不可忽视的积极意义。这在维新教育时期有几个重要的标志。

一是进行了两次重大的教育改革。在戊戌变法流产后不到3年，清政府迫于形势进行了自上而下的教育改革。光绪二十七年（1901），光绪宣布实施"新政"，在教育方面的内容主要是颁布学制、废除科举和宣布教育宗旨。

光绪二十七年（1901）七月，清政府颁布《兴学诏书》，将各地书院改成学堂；

光绪二十八年（1902），清政府颁布《钦定学堂章程》（《壬寅学制》），但是最终没有实施；

光绪二十九年（1903），张百熙、张之洞、荣庆根据日本学制，修订了《壬寅学制》；

光绪三十年（1904），清政府颁布《奏定学堂章程》（《癸卯学制》）。

《癸卯学制》彻底终结了书院、私学、官学等我国古代办学形式，它涵盖小学、中学、大学等完整的学制体系，它是中国近代教育史上第一个以政府法令形式公布的新学制，促进了我国近代教育的发展，为我国近代学校教育制度的建立提供了条件，但是由于时代所限，这个学制有一定的历史局限性、封建性及买办性。

在教育宗旨方面，光绪三十年（1904）的《奏定学堂章程》首次提出："至于立学宗旨，无论何等学堂，均以忠孝为本，以中国经史之学为基。俾学生心术壹归于纯正，而后以西学瀹其智识，练其艺能，务期他日成材，各适实用，以仰副国家造就通才、慎防流弊之意。"光绪三十二（1906）清政府成立了中央教育行政机关"学部"后，又拟定了更为简明的"忠君、尊孔、尚公、尚武、尚实"的教育宗旨，并在《奏请宣示教育宗旨折》中解释说，前两条是"中国政教之所固有，而亟宜发明以距异说者"，后三条则是"中国民质之所最缺，而亟宜箴砭以图振起者"。不难看出，上述教育宗旨仍只是洋务教育"中学为体，西学为用"纲领的翻版而已，其封建色彩是相当浓厚的。1912年，资产阶级领导的辛亥革命推翻了清王朝，资产阶级的南京国民政府深知教育的重要性，因此开始了近代第二次重大的教育改革。改革自上而下，矛头直指封建教育。1912年，南京国民政府颁布了《普通教育暂行办法》，规定废止小学读经科，废除旧时奖励出身，学堂一律改称"学校"，初等小学可以男女同校，各种教科书必须符合民国宗旨等。新的教育宗旨与1906年清末大为不同，开始注重德育、实用和美育。

1912年，南京国民政府设立的临时教育会议制定了新的学校系统，次年又对其进行修改、补充和完善，形成了《壬子癸丑学制》。清末《癸卯学制》设定的学习期限为26年，南京国民政府的《壬子癸丑学制》则把学习期限缩短为18年。在设立女校、取消贵胄学堂、改革课程内容等方面，这次改革也有了实质性的变化。《壬子癸丑学制》是中国近代第一个真正意义上的近代化学制，即具有资产阶级性质的学制，在许多方面，它都超越了极具封建性的《癸卯学制》，在民国社会，为推动教育的发展起到了十分重要的作用。

清末民初这两次重要的教育改革，完成了古代教育制度到近代教育制度的变革，为近代中国建立了全新的教育制度，让新式教育在中国这块土地上扎根并开花结果，培养出无数新式人才。

二是创建和创办了一批教育团体与教育刊物，在宣传革命教育思想、介绍西方教育学说、探索中国教育之路等方面做了大量工作。光绪二十七年（1901），罗振玉、王国维创办了《教育世界》，这份杂志在介绍西方教育学方面起了重要作用。如王国维的译著《教育学》和《教育学教科书》，就是在《教育世界》连载发表的。卢梭的《爱弥儿》、裴斯泰洛齐的《贤伉俪》等西方教育名著，也在《教育世界》上节译刊出。

宣统元年（1909），商务印书馆创办了"以研究教育、改良学务为宗旨"的《教育杂志》，这份杂志分图画、主张、社说、学术、教授管理、教授资料、史传、教育人物、教育法令、章程文牍、纪事、调查、评论、文艺、谈话、杂纂、质疑答问、介绍批评、名家著述等20余个栏目，是一份很有影响的综合教育刊物。其他如《中华教育界》《教育今语杂志》《直隶教育杂志》《教育公报》等也刊发了大量教育论文和译文，为繁荣教育理论、活跃学术气氛提供了阵地。

与此同时，一些教育学术团体也开始成立。光绪十六年（1890），以西方传教士为主体的中华教育会在上海成立。该会章程规定其目的是"促进中国教育的利益，增强从事教育工作者的兄弟般的合作"，并称要"领导中国产生一个完整的教育体系，使中国教育符合基督教的利益"。可见，成立"中华教育会"的根本目的是要用基督教文化取代中华文化，是西方资本主义国家对华教育侵略的团体。

中国人自己创办的教育学术团体，最早的是光绪二十八年（1902）三月成立于上海的中国教育会，由蔡元培任会长，主要成员有章太炎、蒋维乔等人。中国教育会不仅组织力量进行教育研究，而且开展教育实践活动，如开办了具有补习学校性质的通学所，分外文、理化、代数、几何、博物等科，由马相伯等任教员。

三是出现了不同的教育思想流派，形成了一些教育思潮。在清末，中国近代教育思想出现了一个比较活跃的时期，在大量介绍和引进西方教育理论与教育制度的同时，各种教育思潮也纷至沓来。

1. 军国民教育思潮。光绪二十八年（1902），留日学生奋翮生（蔡锷）在《新民丛报》上发表了《军国民篇》，蒋百里也发表了文章《军国民之教育》，正式提出了军国民教育。

2. 实利主义教育思潮。中日甲午战争后，国内出现了学习西学和兴办实业的热潮，从而对实业教育提出了要求。光绪三十年（1904）的《癸卯学制》，就将实业教育列为一个独立的、由初级到高级的学校系统。光绪三十二年（1906）颁布的教育宗旨，也把"崇实""尚实"作为重要内容，实业学校开始有较大幅度的发展。

3. 科学教育思潮。这是由清末西艺教育发展而来的一种教育思潮。1914年，以留美学生为主体成立了"科学社"，创办了《科学杂志》。他们针对中国科学不振、实业不兴的状况，试图通过科学教育来普及科学知识、培养科技人才。

4. 义务教育思潮。清末，资产阶级改良派和革命派都提出过效法西方实行义务教育的要求。光绪三十年（1904）的《奏定学堂章程》把义务教育年限规定为5年，并指出："外国通例，初等小学堂，全国人民均应入学，名为强迫教育；除废疾、有事故外，不入学者罪其家长。中国创办伊始，各地方官绅务当竭力劝勉，以求入学者日益加多，方不负朝廷化民成俗之至意。"这是自上而下首倡义务教育。

　　光绪皇帝是清朝第 11 个皇帝，也是清朝倒数第二个皇帝。光绪帝的一生都充满悲剧色彩。身为帝王，却从小到大都受控于他人，一生都是慈禧太后的政治工具。作为帝王的他能够接受新鲜事物，有一定的远见。然而懦弱的性格，且缺乏政治谋略，再者受控于慈禧，决定了他无法像他的先辈们那样在政治上做出大的成就。光绪皇帝年少即勤学，有大抱负，企图扭转王朝的衰败，他勇于和保守派作斗争，积极支持维新派变法，大力施行改革，在很多时候还显示出一位君主的风范。尤其在废除科举、倡导新式教育上做了他力所能及的工作。这已经超出了一位傀儡帝王的行为价值选择，即使从人格上看也是值得称道的。作为帝王，他是失败的，但作为一个普通人，他承受了太多，也付出了巨大的努力。他在位几十年，有权的时间并不长，即使在他亲政以后的时间里，真正有实权的时候也不多。列强多次侵略中国，洗劫中国财富，中国遭受了前所未有的重创。这远不是光绪皇帝个人的无能所致，毕竟，作为一个清末改良运动的先驱者，他是勇敢的、有贡献的。

延伸阅读

中国维新第一导师翁同龢

翁同龢(1830—1904),江苏常熟(今苏州常熟)人。清代政治家、书法艺术家,著有《翁文恭公日记》《瓶庐诗稿》。清咸丰六年(1856),翁同龢高中状元,被提升为六品翰林院修撰,曾担任军机大臣、协办大学士、总理各国事务大臣等,还担任过工部、刑部、户部尚书,而且是同治和光绪两位皇帝的老师。在中法战争和中日甲午战争时期,翁同龢一向主战,坚决反对求和投降。他曾经举荐过康有为,而且支持维新变法,为此慈禧太后于光绪二十四年(1898)将其撤官削职,并遣回原籍,后来又下令革职,永不录用。此后慈禧太后一直把他交由地方官员严加看管,光绪三十年(1904年),翁同龢因病去世,享年75岁。

江南常熟翁氏家族是晚清显赫的家族之一,也是在朝廷中为官延续时间最长的一脉。千古文人帝师梦,封建文人最大的梦想与渴望就是能够成为皇帝的老师,而翁氏家族一门就出了两个帝师——翁同龢与他的父亲翁心存,可谓极尽读书人之荣耀。

翁同龢的父亲翁心存曾在户部任职,对官场中司空见惯的腐败行为深恶痛绝,他个性耿直,为官多年而两袖清风，享有"天下仰真品德""廉正传于四海"的美名。咸丰十年（1860），翁心存位高权重，终于由宦海的浪尖被迫卷入到海底。三月的一天，被革职留任，后官复原职。翁同龢的哥哥翁同书也是几次蒙狱。翁同龢为营救父亲和兄长整日奔走。

翁心存后又几经起伏，等再次授读小皇帝同治时，已是年逾古稀、体弱多病了，但为了能够早日洗清长子同书的冤情，为了能够博得两宫太后的欢心，他仍然是强支病体，授读格外认真。这年的阳历12月26日，翁心存溘然长逝。

鉴于父亲在弘德殿平素的声名，而且两宫太后又特别关注小皇帝的学习，加之听说翁同龢是咸丰六年（1856）的状元，待人平和，处事公允，家学渊源极深，于是两宫太后特意传旨，让翁同龢在弘德殿行走。

下诏第二天，翁同龢就在醇亲王的带领下入宫觐见两宫太后。养心殿中慈安、慈禧两位太后正襟危坐，小皇帝坐在两太后前的御榻上。翁同龢进殿后即刻叩头请安，自此之后，翁同龢便开始了他的帝师生涯。

弘德殿授读同治帝10年中，翁同龢倾注了大量的心血。他没有想到光绪元年的一天，他接到两宫太后懿旨，让他再为帝师，辅导光绪帝。翁同龢心潮澎湃，翻涌不止，他反复思量决定再次走马上任，重为帝师。

光绪二年二月二十一日（1876年3月16日），这一天是翁同龢第二次荣任帝师的开始。"开学典礼"结束后，翁同龢便像以前那样兢兢业业地教光绪帝读书了，风里来雨里去，从不耽误。嗣子去世，对于年过半百的翁同龢来说是一个沉重的打击，令他数日神志恍惚。之后他几乎把全部的心血和慈爱都倾注到光绪皇帝的身上，每次上课之前，他都要观察一下向来体质弱的皇帝的气色，问问他生活的具体情况。有一次，翁同龢在教光绪帝《帝鉴图说》的时候，小皇帝还自己画了一幅"天人交战图"，画中人物怪眼圆睁，虎头虎脑，颇有生气。翁同龢夸奖他画得很好。光绪帝受到夸奖，十分开心，学习更加有兴趣了，看着小皇帝一天一天进步，翁同龢的心情逐渐地安定明朗起来。他把自己思念嗣子嗣孙的一腔柔情尽付光绪帝。

　　光绪帝自幼离开生身父母，生活起居都是太监一手料理，太监重利轻义，欺负光绪年幼，常常不好好照顾他。遇到这种情况，翁同龢非常生气，禀报太后，严格管教这些唯利是图的太监。逐渐地，在光绪帝的心中，翁同龢成了他的保护神和挡风墙，师生关系日益密切，感情逐日加深。翁同龢在日常的生活和读书过程中发现皇帝天资聪颖，决定在新的一年里要加强对他的课业和帝德方面的教育，让他早日成为能够独当一面的有作为的英明之主。

　　光绪帝12岁时，已经读完《帝鉴图说》《诗经》《论语》《孟子》《大学》《中庸》《礼记》《尚书》等书,理解问题的能力和知识储备已经有了相当大的提高。翁同龢决定给光绪帝开一系列课程,从而完成对他"帝德"的培养,有《通鉴览要》《圣祖圣训》《读史论略》《明史》《中国分省地图》等,指导皇帝关注地理,关注民生疾苦,特别是注重教育光绪帝联系实际,在新的形势下形成自己分析国事的能力和思想。在翁同龢的悉心教导下,这位少年天子逐渐地濡染儒家思想,如他的习作"荷锸携锄当日午,小民困苦有谁尝",虽然稚嫩,但情真意切,表露出先秦儒学中可贵的"爱民"思想。

康熙皇帝是小光绪崇拜的偶像,讲到《圣祖圣训》中的康熙事例时,小光绪便缠着翁同龢给他讲康熙帝的文治武功。翁同龢的口才很好,随着他抑扬顿挫的声音,康熙帝12岁智除鳌拜、平定三藩之乱、西征噶尔丹、英勇善战、智谋过人、神采奕奕的形象就被展现在小光绪的面前。他听得十分入神,时而激动,时而沉静,时而惊奇,仿佛时光在他眼中倒流,完全沉浸在历史的回忆中了。往往到了下学的时刻还恋恋不舍,不肯回宫。翁同龢希望眼前的这位光绪帝能够像当年的康熙帝那样雄才大略,功耀千秋。光绪虽聪颖过人,资质很好,但也有任性、倔脾气的时候,如他喜欢学诗,不喜欢作论。这时,翁同龢就拿康熙帝来劝导他,说《圣祖圣训》中康熙帝日理万机,处理政务，批奏章，晓谕大小臣子，都是以论的形式。一听师傅这样说，光绪就格外专心地学习，作论的兴趣也日臻浓厚。一段时间之后，论文便写得明白通顺，而且颇有见解。一次在论唐玄宗理财的文章中，光绪写道："善理财者，藏富于民；不善理财者，敛富于国；国之富，民之贫也……以帝王之尊，而欲自营筐篋之蓄，其为鄙陋，岂不可笑也哉。"（刘耿生著：《光绪事典》，故宫出版社2010年版）翁同龢看后大为激赏，喜不自胜，连声赞扬："真乃天下之福也！"光绪帝在论文中提到的思想正是儒家思想精华中的"藏富于民"的思想。一个国家，只有百姓都富裕了，这样的统治者才是善于理财的统治者，国家才会稳定，如果民不聊生，"路有冻死骨"，统治者却过着"朱门酒肉臭"（杜甫：《自京赴奉先县咏怀五百字》）的生活，这样的国家将会很危险。

时光如梭，转眼光绪帝已经15岁，在翁同龢呕心沥血的教导下，光绪帝学业、思想、才德都超越了当年的同治帝。那时的清王朝正处于鸦片战争之后社会急剧变化的时候，翁同龢便有意识让他读魏源、冯桂芬的著作，放开眼光，观察在全世界背景下中国的情况。魏源（1794—1857），晚清思想家。嘉庆、道光之时，清朝已入衰世，魏源以天下为己任，讲求经世之学，力图以此谋求国富民强，主张学习西方的先进科学技术，提出"师夷长技以制夷"，是中国近代向西方寻求救国真理的先行者之一。冯桂芬（1809—1874），林则徐的得意门生。能接受资本主义影响，主张"采西学"，"制洋器"，"以中国之伦常名教为原本，辅以诸国富强之术"。他的主张对洋务派有很大影响，被改良派奉为先导。俞樾曾经赞扬他"于学无所不通，而其意则在务为当世有用之学"（《显志堂集·序》）。

翁同龢授读光绪帝的大部分时间中，清政府都处在内忧外患日益严重的岁月里，因此，翁师傅特别注重培养光绪帝处理内政外交的能力，指导他如何分析国事，批阅奏折。如中俄伊犁交涉中，翁同龢给他讲述新疆的历史，介绍左宗棠与李鸿章等之间的争论、日本侵占琉球事件和中法战争等，年轻的皇帝渐渐廓清了眼前的重重迷雾，在复杂的时事关系中走向成熟。翁同龢热切地盼望着光绪帝长大成人，亲裁大政，能够力挽狂澜于既倒、解民水火于倒悬。虽最终签订了《中俄伊犁条约》和《陆路通商章程》，但经过翁同龢、曾纪泽等人的多番努力，总算为国家争回了一些利益。同样，在琉球问题上，翁同龢与潘祖荫等人认为日本是借机生事、敲诈勒索中国。如不抵制，一味顺从，日本会得寸进尺，无休无止，长此以往，后果不堪设想。几人周密磋商巧设延期处理之计，对沿江沿海各省严加防守，琉球交涉不了了之。

之后，翁同龢、曾纪泽同掌军机，为国效力；中法战争中，在对待黑旗军刘永福的问题上，翁同龢与主和派的斗争更加激烈。刘永福领导的黑旗军是应越南政府邀请与法军作战的，曾多次挫败法国侵略军，在著名的"纸桥战役"中歼敌200余名，并击毙了法军头子李威利。翁同龢称赞是对法战争"第一捷音"。在军机会议上，他提出要犒赏黑旗军，授予刘永福"武职游击"的官衔，提供军饷和器械。而法国侵略者视黑旗军为眼中钉，把驱逐黑旗军作为停战条件。对此，李鸿章曲意逢迎，认为不消灭黑旗军，将来由法军自行驱逐，则边患更大。翁同龢极力反对，气愤地指责李鸿章："直视刘团为眼中钉，不知安于何心！"但是，由于军权掌握在李鸿章手中，加上慈禧、奕䜣犹豫不决，黑旗军终因孤军无援，节节败退。翁同龢十分忧沮，断言："日后大局可危。"他在日记中一再表露他身居高位而不能有所作为的羞愧。中法战争失败后，国内爱国人士纷纷上书参劾恭亲王奕䜣，主张"杀李鸿章"。慈禧下令罢免军机全班人马，翁同龢加恩革职留任，退出军机处，仍在毓庆宫行走，教授光绪帝读书。后任户部尚书筹集军饷，查处制钱舞弊，尤其对慈禧太后铺张浪费，于内外交困之际，费百万白银搭彩棚为自己祝寿表示反对，力图为日薄西山、千疮百孔的清王朝挣命补天。

1889年，也即光绪十五年。光绪帝亲政以后，虽托名皇帝，实际上不过是一个傀儡而已，慈禧太后大权在握，满朝重要部门几乎全是太后的人。作为皇帝师傅的翁同龢看在眼里急在心头。久在朝中活动的翁同龢，对朝局可谓洞若观火。于是他一方面劝光绪帝尽量顺从慈禧太后的意思办事以韬光养晦，另一方面利用科考的机会为光绪帝延揽人才。几年之后，经过翁同龢的努力，吴鲁、吴荫培、文廷式、张謇、康有为等人先后集聚在了光绪帝周围，翁同龢则自然成为这些帝党人物的领袖和核心人物。

经过翁同龢的大力荐举和苦心经营，终于在光绪帝的周围集聚了一批饱学之士。他们在朝中官职虽不高，地位虽不显赫，但是在社会上很有影响力，足以左右当时的社会舆论，属于朝中"帝党"一派，这些帝党在甲午战争中是主战拒和的主要政治力量。

当时，日本对朝鲜觊觎已久，积极在朝鲜部署军事，日军驻朝的军队已达7000人，而清军仅1500人。敌强我弱、众寡悬殊，李鸿章主张通过外交手段来解决危机。翁同龢得知朝鲜的局势严重之后，据实向光绪帝奏报危机，光绪帝深为忧虑，决定加派翁同龢、李鸿藻等人参与军机会议，商讨解决中日朝鲜争端的办法。翁、李二人对李鸿章在中法战争中一味妥协避战的做法深为不满，认为和议应以武备为基础，一味主和，吃亏甚多。但在新的国难当头之际，他们并不愿以意气相争，而是理智地分析战局。当时光绪帝一再叮嘱：要牢记中法战争的教训，不要畏首畏尾。太后也表示主战。然清军贻误军机，不认真备战，导致战争开局失利。此时正值慈禧太后60岁的"万寿圣节"，紫禁城一派喜气洋洋，殊不知前方战事连遭惨败，当时任军机大臣兼兵部尚书的孙毓汶与李鸿章沆瀣一气，为取悦慈禧太后，一味地避战求和、讳败不报，导致前线战败数日以后北京尚无消息。慈禧太后为了自己过生日，把军国大事置于脑后。翁同龢等人忧心如焚，军机处的建议一再被当作耳旁风，和、战之争再度进入白热化阶段。

翁同龢、李鸿藻二人认为，多少年的吃亏总误在一个"和"字上面，如果这次对日本再忍辱避让，后果不堪设想，不如让北洋水师早做准备。光绪帝得知，自然也急："前次已令李鸿章增兵，不许观望不前。为何贻误至此？""李鸿章指望英、俄斡旋，虽有谕令，一个'和'字当头，难免延宕时机，让倭人领先。"翁同龢说道。他认为，战争不能一味依靠外援，且我北洋水师数量可观，尤在对方之上，不致畏惧日本国。"帝党"主战的一致要求，在国内引起了很大反响，一时之间，御侮主战的呼声一浪高过一浪。这时，李鸿章依靠列强斡旋的活动也一一失败，日本决意发动侵略战争,清政府也被迫发布对日宣战的诏书。此诏书一出,极大地激发了中国国民英勇抗敌的爱国热忱。战争是离不开经费的,慈禧太后不惜重金,耗资100万搭建祝寿彩棚,任意挥霍战争经费,许多正直有良心的官员联名上奏,请求太后停止庆典,集中财力、物力对付日本侵略。翁同龢认为这些奏折是合情合理的,也与其他官员一起上奏,陈述筹款的艰难,请求停止万寿庆典。在众人的压力之下,慈禧太后不得不降下谕旨,停办奢华的庆典工作。中日争端和停办庆典的事情让慈禧太后不能容忍光绪帝及翁同龢势力的发展了,虽然觉得彻底遏止他们为时过早,但慈禧太后已经准备伺机报复,开始了周密计划。

中日甲午战争以清政府的失败告终,李鸿章惨淡经营的北洋水师几乎全军覆灭。光绪二十一年(1895)三月二十三日,屈辱的《马关条约》签订了。翁同龢得知内容后,声泪俱下:"台湾若割与日本,我朝恐要失去天下人心了!"(翁万戈著:《翁同龢文献丛编》,上海远东出版社2015年版)他在日记中伤心地写道:"覆水难收,聚铁铸错,穷天地不塞此恨也!"《马关条约》签订以后,朝野上下反对的呼声越来越高。此时正值会试之年,举子们齐聚京师,一个个义愤填膺,痛骂李鸿章等人卖国媚敌。他们联名上书,要求拒绝《马关条约》。康有为挥泪演讲,慷慨激昂,从鸦片战争到刚刚结束的中日甲午战争、从丧权辱国的《南京条约》到《马关条约》，台下的举子们为他那滔滔的演讲感动得热泪盈眶，时而捶胸顿足时而狂呼怒号……康有为的弟子梁启超宣读了二人写的万言书，赢得了举子们的喝彩和热烈的掌声。举子们一致同意，先后参与签名的约1300多人。之后，他们向都察院投递。这就是旷古罕见的"公车上书"，古老的京城为之震动。翁同龢当天便听说了"公车上书"的消息，他大为赞赏，为举子们的忠诚和热忱感动。看过"万言书"之后，他也意识到：要皇上一展雄才，要挽救清朝颓败屈辱的局面，要富国强兵，不能再维持现状了，必须变法维新。在他的支持下，康有为、梁启超等人成立了"强学会"，创办《中外经闻》，变法维新的声势一天天壮大起来，接着他向光绪帝荐举了康有为。

翁同龢支持光绪变法图强，受到了顽固派的猛烈攻击。特别是《明定国是诏》公布之后，一方面是维新运动如火如荼地开展，另一方面是顽固派官僚的阴谋反对。不久，翁同龢接到御旨，被开缺回籍，这对维新派是一个沉重的打击。"戊戌变法"之后，慈禧太后囚禁了光绪帝。翁同龢得知后，非常悲愤，为了全身远祸，他用仅有的积蓄给自己建造了一处住宅"瓶庐"，房子建成以后，他便闭门谢客，在这里读书、写字、作画，偶尔出去走走，品茶喝酒。在隐居的几年中，翁同龢心中始终存有一线希望,希望能够再次回到光绪帝的身边,希望能够在有生之年看到国家富强起来。但是,几年过去了,仍然不见有赦旨传来,他希望的火苗渐渐地暗淡了。

光绪三十年(1904)的一天,翁同龢这位饱经忧患的近代政治家,怀着一腔未了的心愿溘然长逝。正在瑞典流亡的康有为从报纸上得知了这一消息,非常悲痛,作诗以寄哀情,称翁同龢是"中国维新第一导师"。

新式外交的开拓者——奕䜣

爱新觉罗·奕䜣（1832—1898），道光帝第六子，咸丰帝异母弟。他是咸丰、同治、光绪三朝显赫的亲王重臣，清朝廷里洋务运动的首领，为中国近代工业创始和中国教育的进步做出了贡献。

咸丰元年（1851）奕䜣被封为恭亲王。咸丰十年(1860)英法联军攻陷北京，咸丰帝出逃热河，奕䜣受命为议和全权大臣，分别与英、法、俄签订《北京条约》，渐悉洋情，形成洋务思想。咸丰十一年〔1861）奏请与英、法等西方国家保持"和睦"关系，变通清朝的外交、通商、教育制度以适应形势需要。在他的主持下，总理衙门、同文馆相继成立。咸丰

奕䜣

帝病逝后被任命为议政王，掌管军机处及总理衙门，他对外主张"和戎"，以妥协保"和局"，换取外国支持，镇压太平天国。在购买外国船炮，训练新式海陆军，兴办近代军用、民用企业，推广西学，培养科技和外语人才，派出驻外公使及留学生等问题上持开明态度。与曾国藩、李鸿章、左宗棠等地方实力派相呼应，促成清末"同光中兴"。后无大作为，反对维新派的改革主张，于"百日维新"前病逝。

1. 才华出众，年轻的"军机大臣上行走"

奕䜣是中国近代新式外交的开拓者和洋务改革运动的领导人。奕䜣在道光9个儿子中最为聪明，少年时在引教嬷嬷的培养下知书达礼，"读能成诵"。先就学于大理寺少卿翁心存，后从师翰林院侍讲贾桢，道光帝十分喜爱他。道光长子、次子、三子均早亡，欲立奕䜣为大阿哥（皇储），以承帝业。道光多次当着奕䜣的面暗示这一想法，而奕䜣以有四兄长奕詝在上为由极力推让。后来，道光帝取消了这一打算，但对奕䜣谦让的美德大加赞扬，嘱咐他将来要好好辅佐奕詝。道光皇帝于道光三十年（1850）病重时，在病榻上拉着奕䜣的手对奕詝说：是奕䜣把皇位让给你，今后要厚待他呀。奕詝即位后，加封奕䜣为恭亲王，待遇优于其他各郡王、贝勒，并在1852年把北京除皇宫外的一处最好的宅第及附属花园赐给了奕訢。恭王府及花园被一些考证学者认定是《红楼梦》中荣府及大观园的建筑原型。以前曾是全国巨富和珅的住宅。

咸丰二年（1852），奕訢受命在内廷行走。

咸丰帝即位时，洪秀全起事金田，忙起用御侮名臣林则徐赴桂弹压，不料林在途中病故，后改派一系列官员督师"围剿"，结果越"剿"越坏，太平军由广西、湖南、湖北，一直杀到南京，建太平天国。清朝统治中国近200年来，终于爆发了这次规模最大的农民反抗斗争。

清朝内部，王公大臣经年不习武略，文武百官多为昏庸贪婪之辈，满族人歧视汉人，朝中官位多为满族贵族占据。南京失落之前，奕訢就提出了训练军队、安抚南方难民、布置北方防务的建议，咸丰帝立即采纳。咸丰三年（1853），太平军派出了一支不大的北伐军队（1万人）由扬州进入安徽，杀入河南，直逼直隶。咸丰帝打破祖宗定下的亲王不能任军机大臣的制度，任命奕訢为"军机大臣上行走"。这一年，奕訢刚刚20岁。

太平天国此时有比清朝更多的优势。①清朝机动兵力相对少，而且要守护比今日中国大得多的边境海防，而太平天国兵力集中，势头正猛；②欧洲帝国主义列强正向清朝廷施加军事和外交压力，而对太平天国持观望态度。太平军如一鼓作气，全力北伐，则清廷败局已定。但太平天国领袖们不顾大敌当前，外侮在侧，在南京封官晋爵、争权夺利、大兴土木、建宫造墅。农民革命的性质完全改变了。洪秀全自命天王，用宗教鸦片毒害人民，他自称是耶稣的弟弟、上帝的次子，以根本不能兑现的平均主义来欺骗没有文化的农民。他不许所辖范围内的任何臣民结婚（极少数他的亲信和亲属除外），把天国分成"男营"和"女营"，连屡立战功的将军夫妻同居也犯杀头之罪，而他自己在天王府收纳了比北京的清帝多得多的数千江南美女。他的儿子幼天王10岁时就有了9位王妃。尽管太平天国不乏忠勇、明智的战将谋士，但定都以后，太平军即由一支反抗压迫的农民革命队伍变成为另一个为封建世袭的洪氏王朝卖命的队伍。

孤立的太平军北伐军深入清朝腹地，最终失败。北伐军首领之一林凤祥将军被俘，咸丰四年（1854）三月十五日，林将军在北京菜市口被割到第3601刀时才丧命，这就是古时的凌迟之刑。不久另一位北伐军指挥官李开芳将军也被杀头。

清朝军机大臣奕䜣在镇压太平军北伐期间"参赞军务，夙夜勤劳"，用人得当，布防及时，为挽救清廷立了大功。但在平息太平军北伐之后，咸丰帝妒忌奕䜣的才干，又疑他功高盖主，就借口奕䜣在其母丧期间为母争封,礼仪失当,于咸丰五年(1855)罢免了奕䜣的军机大臣、宗人府宗令、都统、阅兵大臣等要职,少年得志的奕䜣一夜之间失去了所有权力。这在封建时代历代王朝的宫廷斗争中是极常见的现象。

奕䜣被罢官、着入上书房读书后,清王朝内部出现了另一支宗派势力,以内阁学士肃顺、怡亲王载垣、郑亲王端华为首,受咸丰皇帝重用。肃顺等人重用一些汉人,意在以汉治汉,如提拔地方自发抗击太平天国的湘军统帅曾国藩等,同时屡兴大狱,以严申法律为名排斥异己势力,如处死签订《南京条约》的大学士耆英等。有一起地方科举作弊案,肃顺等人竟砍了军机大臣、内阁大学士等5个人的头,并惩处了另外81人。肃顺打击异己的做法,令皇室另一些失势成员人人自危,肃顺等乘势向满族贵族索贿敲诈。

2. 外交斡旋,忍气吞声签下屈辱条约

第一次鸦片战争战败后,清朝廷被迫签订了《南京条约》,但并未打算认真履行条约。咸丰帝登基后,年轻气盛,立志废除这个不平等条约。清朝贵族不少人都觉得应废除此约。这不等于说他们有多少自强自救的明智策略,他们是觉得过去的异族(包括汉族)只有对大清叩头、纳贡的义务,而今天的"西夷"却

如此无礼。对抗列强的策略也不是探究西方强盛的原因，以实力抗争，而是企图通过闭关锁国把外国人拦在国门之外来防止他们进一步的"非礼"。

一方面，清朝廷还在做着美梦，想单方面废除《南京条约》；另一方面，西方列强的野心和贪欲远远未被《南京条约》满足，太平天国后，英、法、美等列强又强硬提出"修约"要求，包括清朝开放更多的口岸、允许西方教士传教、鸦片贸易合法化、允许外交使节进驻北京等。清政府断然拒绝，于是列强便以武力相威胁。咸丰八年（1858），英、法联军逼抵天津，清朝政府派桂良（奕䜣的岳父）作为代表与英、法签订了《天津条约》。当时奕䜣26岁，已恢复都统职务，听闻此消息，坚决反对开放长江口岸，并提出备战以防。他主持审讯了签订《南京条约》的耆英等，并予以严惩。

当时朝廷权势最大的是肃顺集团。肃顺等对外也持强硬态度，他们拒绝了俄国代表伊格那提耶夫提出的《瑷珲条约》。但是批准了《天津条约》。清廷内部对英、法的态度一派主战，一派主和，咸丰帝不知所从，而英、法联军于咸丰十年（1860）阳历8月又逼近天津。9月18日，载垣等人根据皇上旨意拘留了英国谈判代表巴夏礼等26名和法国人13名。侵略联军抓住把柄，加快向北京进攻。9月21日，清军在八里桥战败，咸丰皇帝逃往热河前命奕䜣留京议和。

奕䜣此前未与外国人打过交道。他留在北京只有几个文官随员和少量护卒，对敌情也知之甚少。9月26日，英、法联军进入圆明园，对这个世界上最大的皇家艺术宝库大抢3天。10月8日，英、法代表幸存者18人（英国人13名，法国人5名）被释放。英、法侵略军借口清朝廷杀死他们的21名外交代表，同时为了掩盖他们在圆明园大肆抢掠的罪行，于咸丰十年（1860）阳历10月18日放火烧毁了这座集东西方文明于一体的艺术宫殿，被抢掠的艺术珍品至今收藏在英、法的一些博物馆或私人手中。

在敌兵枪炮威胁之下，奕䜣代表清政府签订了中英、中法、中俄《北京条约》。俄国在中国与英、法谈判陷入僵局时以"调停"劝和的面目出现，落井下石，不战而夺取了乌苏里江以东大片的中国土地，把那里的中国居民点变成了屠人场。《北京条约》还规定外国使节可长驻北京、开放天津并增加巨额赔款，英国得到九龙的租借权。

《北京条约》使中国屈辱至极，根本原因在朝廷和战不定，又无长远战略，更不知制造新式武器和掌握新战术，满族贵族要保既得利益，为官者尽是腐朽昏庸之辈，投降是他们唯一的出路。

奕䜣作为谈判者和签约者，对侵略者的傲慢骄横只能忍气吞声。签约后，英、法侵略军逐渐撤军，奕䜣感觉到西方列强除俄国外，侵华的主要目的都是获通商之利，而且比较"守信"，并不是要夺取清朝廷的皇权和江山。这次屈辱使年轻的恭亲王大受刺激，他立志走学习西方先进技术以自强的道路，为他后来成为洋务改革的首领奠定了基础。

《北京条约》签订后，英、法联军退出京津，但咸丰皇帝仍不愿回到北京。按条约规定，外国使节必须亲自递交国书而不行清朝的三跪九叩之礼。过去，周边藩属的"贡使"面见清帝时必须遵照这种礼节，而西欧列强就是要打破这个礼规。咸丰帝只好避而不见。在咸丰帝周围的肃顺等人让咸丰帝沉浸在声色之中。咸丰帝尽管年轻气盛，在后宫中毕竟是孤身敌百，咸丰十一年（1861）阳历8月21日一病升天。

3. 健全外交机制，为中国近代外交奠基

咸丰帝死后，以肃顺为首的咸丰皇帝身边的顾命大臣们和在北京的奕䜣一派成为清廷两大政治势力。结果，年仅27岁的慈禧太后，联合奕䜣击败了肃顺集团。肃顺等3人被处死。这表明奕䜣在复杂的政治斗争中已非常成熟。

早在咸丰十年（1860），奕䜣建议在中央设立一个专办同外国交涉事务的机构，并在建议中强调了设立

这样一个机构的重要性：若无专门从事外交事务的中央机关，就会因延误交涉而贻误国家大事。在奕䜣的建议下，清朝设立总理各国事务衙门，这是中国有史以来第一个正式的外交机关。奕䜣也是这个机构的创办者，为了提高办事效率并具有权威性，奕䜣还提议由军机大臣兼管总理各国事务衙门，简称"总署""总理衙门"等。应该说，奕䜣既能认清当前局势，也十分有远见。清朝以前，历代以礼部、鸿胪、典属国等机关处理外事，但都不算近代意义上的外交机构。《南京条约》签订后，对外交涉都由五口通商大臣或地方督抚办理，然后由军机处、皇帝批准，外国使节不得进入北京。而《北京条约》签订后，外国使节进了北京，外交事务日益增多，清朝廷不仅要在北京与外国使节接触，还要选派使节对等地驻在有约之国。

奕䜣这一系列建议打破了清朝旧的官制，加强了外交工作的分量，旧势力攻击这个衙门是"专门事鬼"的卖国组织，顽固派攻击奕䜣并骂他是"鬼子六"（因他是咸丰六弟）。为了不让反对派阻挠建立总署，奕䜣建议说：一旦夷务减少，立即裁撤。实际上，这是对付顽固派的一种策略。咸丰十一年（1861）一月，帝谕批准，奕䜣为总理衙门主管，桂良、文祥辅之，以总署为阵地，争取用外交维护国家权益，培养翻译和职业外交官。

总理衙门建立之后，不但没有伺机裁撤，反而变成了重要的中央权力机关，逐渐成为与军机处平行的军国大政决策和执行机构。总理衙门大臣由军机大臣奕䜣兼任，无疑增大了这个机关的权限。总理衙门起初是专门的外交机构，后来又经管通商、海防、关税等许多事项，后来连铁路、矿山、轮船、军火等事务也都归它管辖。设立总署使"洋务"一词由单纯的"外交事务"延伸成近代中国引进先进技术、贸易、改良等多重含义的新词。

同治三年（1864），总理衙门效仿外国外交机构，按地理区域及工作性质分为若干股，相当于今日外交部的司。自60年代起，在奕䜣的主持下，清朝与欧美主要国家建立了商务和外交关系。由于清朝缺乏精通海关和国际关系事务，甚至缺少外语人才，权宜之计，只好聘英国人赫德主管海关，在第一次派出巡回使节时，聘美国人蒲安臣为使节。聘任外国人办理外交事务和海关事务或充任顾问在欧美国家是有先例的。但在封建保守的大清王朝，这些敢于冒着被人攻击辱骂、虚心向国外学习的行动是具有一定冒险性，也是需要一定勇气的。

同治五年（1866），赫德回英国度假，建议总理衙门派几个官员随他一道出国考察。奕䜣批准了这一建议，选派知县斌椿和同文馆几位学生，赴英、法、德、俄等国旅游考察。这是封闭的清朝首次派官员考察近代欧洲。

光绪四年（1878），奕䜣力排众议，派郭嵩焘常驻伦敦，成为中国第一任常驻国外公使。奕䜣先后主持总理各国事务衙门近30年，是中国近代外交事业的奠基人。

4. 协理洋务，朝廷里支持改革的领袖

奕䜣对中国近代化的贡献远远不止他举办的外交事务。他也曾竭力主张举办近代教育，引进西方技术，开办近代企业，走自强之路，收回失去的国权。

奕䜣的思想超越了当时不少人，在改革中也遇到了不少阻力，比如他对学习外语的主张，就被当时的顽固派讥讽为"学鬼话"。但奕䜣很有魄力，并不为顽固派的讥讽所动，从咸丰十一年（1861）起，就开始在南方开放城市物色精通外语的教员，以期建立一个可教授外语的专门学校。同治元年（1862），他创办了同文馆，这是第一个不同于封建八股教育的学校，起初只教授外语，后来陆续增设了多门课程，如天文、数学、化学、国际法、生理、物理、外国历史地理等，成为第一个具有划时代意义的综合性学校。在现在看来，这个学校的课程设置也很科学。奕䜣认为，对西

方的科学技术（顽固派嘲笑为"淫巧""雕虫小技"），最重要的是学习掌握，而只雇洋人或购买他们的产品是远远不够的。学习西方技术，首先要培养人才。在举办京师同文馆的同时，奕䜣还命令地方督抚开办新式学堂，学习科学、翻译西方自然科学和社会科学书籍，推广先进技术。李鸿章、曾国藩、左宗棠等在地方大办洋务，而朝廷的改革领袖就是恭亲王奕䜣。

　　作为洋务改革运动的倡导者和推行者，奕䜣对晚清的"同治中兴"，起了很大促进作用。洋务运动解决了当时国内存在的一些问题，也使晚清实现了短暂的兴旺。但洋务运动的领袖们却忽略了一个重要的问题，他们主张学习外国的先进技术，但没有引进西方近代的政治法律思想。而对当时的清朝来说，社会制度的改革、思想意识等的改变恰恰是最为内在和重要的，因为正是腐朽的封建制度使中国在近代远远落后于西方，成了西方列强围猎的"羔羊"，中国要实现真正的富强，还得变革社会制度。此外，洋务改革没有也不可能触犯清廷权贵的既得利益。相反，许多清廷权贵们通过洋务以权谋私，名为救国，实为敛权敛财，中国社会更加腐败。当康有为、梁启超在19世纪90年代提出比奕䜣更激进的变革主张时，奕䜣就以六七十年代洋务改革的老权威面目出现加以阻挠。这说明他晚年的思想趋于保守。

奕䜣一生政治命运颇为坎坷。咸丰帝愚弱，时时防备这个才华卓著的弟弟取代他的地位，死前把大权交给奕䜣的政敌肃顺一派。他与慈禧太后联合战败肃顺一派以后，慈禧太后权欲太旺，又极力排斥打击奕䜣势力。

奕䜣在任用汉人上也较开明，与太平天国周旋多年并最终消灭太平天国的曾国藩、左宗棠、李鸿章等地方武装，为清朝立了大功。奕䜣站在维护清廷根本利益的立场上，既提拔重用这些汉人人才，又怕汉人势力强大而危及清廷利益而防范他们。而慈禧太后在太平天国灭亡后又罢免了奕䜣的一切职务，但朝中无其他人能担当得起与外国交涉及洋务振兴的重担，又不得不恢复他的总理衙门大臣职务。

洋务改革局部地触犯了一些贵族的利益，有人（如倭仁、蔡寿祺等）见太后厌恶奕䜣，也就多次攻击、参劾奕䜣，或告其违背祖制、丧失"国体"，或诬其心怀篡意、罪不可逭。自光绪十年（1884）起奕䜣被削职闲居，忧愤之中读书吟诗，写史撰文，主编史料。光绪二十年（1894）又临危受命主持总理衙门，但中日战争败局已定。战后，他愤然拒绝一切职务，深居简出，直至光绪二十四年（1898）阳历5月29日在府中病逝。

奕䜣是清朝贵族中少有的改革派重臣，他的一生，为推动洋务运动的发展和晚清的社会变革，做出了巨大的贡献。他掌管着总理衙门，为洋务派中在朝廷执掌大权者，因此他能有力地支持李鸿章、张之洞、丁日昌等地方大员以强兵、富国为口号，学习西方先进科学的强国之举。洋务运动虽以失败告终，但为晚清开启了社会变革之门，对于近代工业发展、社会进步、人才培养都有积极作用。奕䜣作为身居高位的清朝贵族，却投身并领导这场社会改革，其贡献当得到人们的肯定。

延伸阅读

"中国铁路之父"詹天佑

詹天佑（1861—1919），字眷诚，号达朝，汉族，广东南海人，原籍徽州婺源。他12岁被送到美国读书。1878年，考入耶鲁大学土木工程系，主修铁路工程。他是中国首位铁路工程师。他负责修建了京张铁路等工程，被称为"中国铁路之父""中国近代工程之父"。

清同治十一年（1872），詹天佑刚好11岁，就考进了幼童出洋预备班。同年，从香港去上海进行了英文强化培训。这年阳历 8 月，第一批学生包括詹天佑在内的 30 人出发去美国。虽然这次派遣学生的救国迷梦在现在看来是一枕黄粱，但是显然给这些孩子们提供了学习新知识和睁眼看世界的好机会。

同治十二年（1873），考入美国西海文小学的詹天佑，虽然年纪不大，但他知道英文的重要性，每日都苦学英语，大胆地同外国同学聊天。1876 年，詹天佑考入了纽海文中学。12 年后，他进入了知名的耶鲁大学，主修土木工程系铁路专科。尽管这里不乏优秀的人才，但是詹天佑的成绩仍名列前茅，尤其是数学，在一、三年级时，曾获得数学奖学金。20 岁那年，詹天佑出色地完成了大学本科课程，是当年归国的 105 名学生中只有两位学士学位获得者之一。

光绪十四年（1888），经同学推荐，詹天佑到中国铁路公司任工程师。詹天佑亲力亲为，与工人们同甘共苦。当时正在修筑的唐山铁路在开滦煤矿唐山矿 1 至 3 号井东面，从一个上百年的涵洞里穿越而出，从唐山市区主干道新华道下穿过，全长 12 千米，仅仅 70 多天的时间就能通车了。这就是中国第一条国际标准轨距铁路，它最初是从唐山矿修到丰南胥各庄，至今仍是京山铁路的一个重要组成部分。

光绪十七年（1891）初，清廷重臣李鸿章受命在山海关设立"北洋官铁路局"，其得力助手周兰亭、李树棠总揽筑路事务,竭尽全力修建关东铁路(古冶—山海关—中后所—奉天等)。虽然朝野中的洋务派和顽固派对政府修建铁路一直争论不休,但李鸿章在光绪十八年(1892)已经和开平矿务局的英国技师金达签下了协议,着手修建关东铁路第一段由古冶到山海关的铁路。其实,早在光绪七年(1881),中国第一条自建铁路——唐(山)胥(各庄)铁路就已运营,虽然马拉蒸汽机车一度成为闹剧,毕竟那时中国的铁路业已经蹒跚起步了。遗憾的是,当这条铁路修到滦河岸边时,由于滦河水势太猛,无法继续修下去,想尽了办法,最后还是失败了。

工期将至,但工程却停滞不前,金达想起了詹天佑。詹天佑答应设计建造滦河大桥,但要求由中国人自己来建造,他坚信中国人也能完成这个难度巨大的工程。在对失败的原因进行详细分析和一系列的考察后,詹天佑想到了建成大桥的方法。滦河水势凶猛,河床泥沙很深,因此必须选择适宜打桩的地点,方能固定桩基。于是他改变桩址,让中国的潜水员潜入河底,配以机器操作,顺利完成打桩任务,建成了滦河大桥。滦河大桥是当时技术难度极高的一座桥梁,詹天佑修成滦河大桥,充分显示了中国人才的智慧。

光绪二十年(1894),清政府任命胡燏棻为督办,决定修建一条连通天津市到北京市西南郊卢沟桥的京津铁路（津卢铁路），但是这个项目耗资巨大，清政府无力承担，于是胡燏棻向英国借款40万英镑修路，这也是中国借洋债修铁路的开始。当时，清政府重用洋人，任命金达为总工程师，詹天佑作为协助参与修筑工作。京津铁路从光绪二十一年（1895）开始动工，于光绪二十三年（1897）五月建成通车，这是中国最早的复线铁路，后来成为京奉铁路其中的一段。京津铁路是清政府"实政改革"的标志性事件，在中国铁路史上具有特殊的地位。

詹天佑多次参与或主持的工程都获得成功，他的才能越来越受到清政府的重视。光绪二十七年（1901）阳历7月，时任铁路总公司督办的盛宣怀委派詹天佑到江西萍乡协助修建株（洲）萍（乡）铁路的萍（乡）醴（陵）段。当时条件十分简陋，连图纸也没有，但詹天佑克服一切困难，在短短的1个月里，就完成了对修建路段地形的勘探和路线设计，并调集人马立即动工。光绪二十八年（1902）阳历11月，詹天佑修成萍醴铁路。这条铁路全长38千米，专为汉冶萍公司运输而修建，以利将江西萍乡的安源煤矿的煤供给汉阳铁厂。清政府在一年多内修成这条铁路，詹天佑可谓功不可没。

光绪二十八年（1902）秋，清政府任命詹天佑为总工程师，命其在6个月内建成连接河北新城的高碑店和易县梁各庄的新易铁路,而詹天佑仅用4个月的时间,就完成了这项全长42.5千米的铁路修建工程。新易铁路的修建,是中国人自己独立修建铁路的开始。这条铁路的修成,打破了中国人不能独立修铁路的"咒语",极大地鼓舞了中国人自修铁路、自办工程的信心,也为京张铁路的修建打下了基础。

（北）京张（家口）铁路为詹天佑主持修建并负责的中国第一条铁路,它全长约200千米,连接着北京的丰台区,经八达岭、居庸关、沙城、宣化等地至河北张家口。不到4年的时间,这条铁路就竣工了。这是完全由中国人设计、投入运营的铁路。这条铁路现在称为"京包铁路",以前的京张段为北京至包头铁路线的首段。

辛亥革命结束后,詹天佑和同行们一起成立了中华工程师会,是中国第一个工程师团体组织。在此期间,詹天佑倾注了大量的心血培养大批优秀的青年技术人员,不仅自己做出好榜样,还勉励青年"精研学术,以资发明",要求他们"勿屈己徇人,勿沽名而钓誉。以诚接物,毋挟褊私,圭璧束身,以为范例"。中华工程师会的成立,对学术交流活动和推动科学技术的进步起到了重要作用,营造了一种积极的学术研究氛围。

力推洋务的晚清重臣——李鸿章

李鸿章（1823—1901），安徽合肥人，本名章铜，字渐甫或子黻，号少荃（泉），世人多尊称"李中堂"。官至直隶总督兼北洋通商大臣，授文华殿大学士，曾组建淮军，镇压太平天国，代表清政府签订了《越南条约》《马关条约》《中法简明条约》等。李鸿章亦是洋务运动领袖，主张向西方学习，创办军事工业以图自强。晚年自号仪叟，别号省心。光绪二十七年九月二十七日（1901年11月7日），李鸿章与世长辞，享年78岁，谥文忠。

李鸿章是晚清影响中国的风云人物，他手握重权，独当一面，被人称为

李鸿章

"东方俾斯麦"。日本首相伊藤博文视其为"大清帝国中唯一有能耐可和世界列强一争长短之人",慈禧太后称其为"再造玄黄之人"。与曾国藩、张之洞、左宗棠并称为"中兴四大名臣",据说还有西方国家把他与当年的德国首相俾斯麦、美国总统格兰特并称为"19世纪世界三大伟人"。在中国历史上,李鸿章是被很多人痛骂的"卖国贼",西方人依据什么把他称为"伟人"呢?

1. 掌握军政实权的封疆大吏

李鸿章,道光三年正月初五(1823年2月15日)出生于安徽合肥一个官僚地主家庭。李鸿章在曾国藩门下学习,一边发奋攻读经史,一边着意学作科举之文。道光二十七年(1847),李鸿章又参加了会试,中二甲第十三名进士,被点为翰林,授翰林院庶吉士。

就在李鸿章中进士、点翰林,踌躇满志,意气风发,准备大显身手之时,农民起义改变了李鸿章的人生轨迹。咸丰元年(1851),太平天国起义爆发,并迅速席卷了中国南部,不到两年的时间里,就建立了一个与清朝政权对立的农民政权。

为了镇压太平天国起义,清政府鼓励各地的汉族地主举办团练,与清军一起对付太平军。于是李鸿章回乡协助安徽地方官举办团练，镇压太平军。咸丰九年（1859），李鸿章前往建昌大营拜见曾国藩，被留下来担任幕僚。李鸿章受到曾国藩器重，到建昌不足10天，曾国藩便决定由李鸿章亲自主持训练皖北军队，该军队是湘军的一部分。8月13日，曾国藩又召其回到身边，帮助他处理军中事务。从此，李鸿章成为曾国藩的得力助手。

咸丰十年（1860），太平军攻破清军江南大营后，随即便乘胜进攻苏、杭，进而威胁上海。于是，曾国藩命李鸿章回安徽招募淮勇。同年夏天，李鸿章亲率淮军从安庆到达上海，并任江苏巡抚。至此，李鸿章由曾国藩手下的一名幕僚而变成清朝统治集团的一员，并且在军事上还能独当一面。

第二次鸦片战争结束后，列强纷纷表示愿意帮助清政府镇压起义军。同治五年十月初六（1866年12月12日），清政府命李鸿章负责"围剿"捻军。李鸿章采取马队和步兵配合，左右夹击、前后堵截、划河圈地、重重围困的策略，分别于同治七年（1868）阳历1月和7月先后镇压东、西捻军。因此，李鸿章被任命为湖广总督，并加太子太保衔。这样，李鸿章成为握有军政实权的封疆大吏。

2. 兴办洋务，谋划海防

在镇压农民起义的同时，李鸿章还积极推行洋务运动，兴办了一批近代的军事工业企业和民用工业企业，如著名的江南制造总局和天津机器局。

李鸿章深知先进武器对一个国家的重要性，这一点，他在晚清列强侵略中国的几场战争中已经见识到了。他以中国的武器不及西方为耻辱，并认识到要强兵强国，必须借国外的武器制造技术为清王朝所用。于是他决定自己设厂制造。同治二年（1863），李鸿章雇用英国人马格里与直隶知州刘佐禹一起，首先创办了松江洋炮局，后来又命副将韩殿甲在上海创办了另外两个洋炮局，合称"上海炸弹三局"。同治三年（1864），松江局迁到了苏州，并改称"苏州机器局"。同治四年（1865），李鸿章在曾国藩的支持下，购买了一座美国人在上海建立的铁厂，并将其与原来上海的两个洋炮局合并，扩建为江南制造局。同年，苏州机器局迁到南京，改为金陵机器局。同治九年（1870），李鸿章在任直隶总督时，接管了天津机器局，并扩大了天津机器局的生产规模。

李鸿章以"求强""求富"为目的而兴办洋务事业：在19世纪60年代，他以为国"求强"为目的兴办了一批近代军事工业企业；到了70年代，又以为民"求富"

为目的兴办了一批近代民用工业企业。

同治十一年（1872）年底，李鸿章创办了轮船招商局，其目的是收回长江及航海外运权利。这是洋务运动中由军用企业转向民用企业、由官办转向官督商办的第一个企业。

李鸿章从兴办军事工业企业转向民用工业企业，说明他已经逐渐认识到军事应以经济为基础，这是其洋务思想的一个进步。他创办这些民用工业企业，多数采取官督商办或官商合办的形式，成为我国早期的官僚资本主义力量。

19世纪70年代，我国边疆危机严重。同治十三年（1874），日本派兵3000人入侵台湾。有识之士认识到了日本的威胁，于是提出了海防的问题。与此同时，英、俄两国也加紧了对我国新疆的侵略，左宗棠正准备率军入疆，收复失地，塞防问题也十分重要。因此，朝廷中出现了一场海防与塞防之争。这时李鸿章主张专顾海防，放弃塞防；左宗棠则主张二者并重。最后，清政府采纳了左宗棠的建议。

光绪元年（1875）阳历5月30日，清政府便命李鸿章和两江总督沈葆桢分别督办北洋和南洋的海防。光绪五年（1879），沈葆桢去世，于是筹办海防的大权便全部落在李鸿章手里。

关于如何筹建海军的问题，李鸿章在同治十三年

（1874）的《筹议海防折》中提出了四项建议以购船为主建海军；强调购置铁甲大兵船；各要口添设一二艘极小型炮舰；裁撤各省旧有水师之红单、拖罟、舢板、艇船。从光绪元年至五年（1875—1879），李鸿章委托总税务司赫德，从英国阿摩土庄兵工厂订造了8艘小型炮舰，以备守口之用，另从该厂订造了2艘巡洋舰。同一时期，福建船政局造船7艘。

在光绪五年（1879），日本正式吞并琉球，并有窥伺我国台湾和朝鲜之意，于是清政府命李鸿章速购铁甲船。

光绪五年（1879）十月，李鸿章从英国订购的镇东、镇西、镇南、镇北4艘炮舰到达国内口岸。光绪七年（1881）八月、九月，从英国订购的"镇中""镇边"2艘炮舰和"超勇""扬威"2艘巡洋舰也先后驶回，这样，加上原有的船只，总数已达14艘，北洋海军初具规模了。

光绪十年（1884），中法战争爆发，法国军舰袭击马尾军港，福建水师全军覆没，南洋海军也受到一定的损失。于是，清政府便希望北洋海军尽快建成，李鸿章深表赞同。光绪十一年（1885）九月，清政府又设立了海军衙门，由醇亲王奕𫍽总理海军事务，任命奕䜣和李鸿章为会办。但实权却掌握在李鸿章手中，他以整顿海防为名，加紧建设北洋海军。

光绪十一年（1885）以后，北洋海军共购进舰艇13艘，其中包括光绪十一年（1885）到达中国的铁甲舰"定远""镇远""济远"以及后来的"致远""靖远""经远""来远"4艘巡洋舰和6艘鱼雷艇。

光绪十四年（1888），这些舰只全部抵达天津大沽。这样，北洋海军加上原有的舰船已达25艘，于是北洋舰队宣布建成。此后还建成旅顺和威海卫两个海军基地。

光绪二十一年（1895），中日甲午战争爆发，李鸿章却采取消极避战、保存实力的作战方针。结果，在黄海海战中，北洋舰队损失惨重。威海卫陷落之后，北洋海军全军覆没。李鸿章苦心经营了几十年的海军，到头来竟是一场空。

3."便宜行事"的议和大臣

《马关条约》的签订，使中国面临被帝国主义列强瓜分的危险。日本割占辽东半岛，损害了俄国的利益，于是俄国便纠集法、德向中、日施加压力。为此，清政府命李鸿章为归还辽旅议约全权大臣，与日本驻北京全权大臣林权助谈判，最终达成协定：清政府以3000万两白银赎回辽东半岛。这样，俄国在清政府和李鸿章眼里便成了"救星"。

光绪二十二年（1896），俄国沙皇尼古拉二世举行加冕典礼。清政府为了报答俄国，决定派李鸿章为头等专使参加俄国沙皇尼古拉二世的加冕典礼，然后前往英、法、德、美等国递交国书，联络邦交。

光绪二十二年（1896）阳历3月28日，李鸿章离国，于4月30日到达俄国首都圣彼得堡，与俄国签订了《中俄密约》。条约允许俄国修筑的西伯利亚铁路经过吉林、黑龙江，直达海参崴。

然后，李鸿章又访问了英、德、荷、比、法、美等国，于光绪二十二年（1896）阳历10月3日回到天津。李鸿章此次出访，长达半年之久，并亲身经历了西方文明，大开眼界。这也使得他曾一度赞同康有为、梁启超发动戊戌变法。

光绪二十四年（1898）阳历6月11日，光绪帝下诏决心变法，并于16日召见了康有为。随后，军机大臣奏请授康有为总理衙门行走。京师大学堂成立之后，李鸿章曾推荐康有为任总教习，但未获成功。光绪二十五年（1899），因康有为、梁启超在海外成立保皇会，慈禧任命李鸿章为两广总督，镇压康、梁余党。李鸿章表面上颁文悬赏以除康、梁，私下里却不以为然。

光绪二十六年（1900），八国联军侵华，并很快攻到京城，慈禧太后仓皇出逃。为了求和，慈禧于这年阳历8月7日任命李鸿章为议和大臣，并授予"便宜行事""不为遥制"的权力。10月11日,李鸿章到达北京,并与恭亲王奕䜣一起代表清政府向八国求和。12月24日,列强提出议和大纲,李鸿章立即电奏慈禧。慈禧见条款上没有将她作为祸首,于是电令李鸿章遵行。光绪二十七年(1901)阳历9月7日,李鸿章、奕䜣代表清政府与列强签订了《辛丑条约》。从此,中国完全沦为半殖民地半封建社会,清政府完全成为列强统治中国的工具。《辛丑条约》签订两个月后,即光绪二十七年(1901)阳历11月7日,李鸿章病逝于北京,清政府赐给他"文忠"的谥号。

李鸿章对自己曾作出以下的总结:"我办了一辈子的事,练兵也,海军也,都是纸糊的老虎,何尝能实在放手办理?不过勉强涂饰,虚有其表,不揭破,犹可敷衍一时。如一间破屋,由裱糊匠东补西贴,居然成一间净室,虽明知为纸片糊裱,然究竟决不定里面是何等材料。即有小小风雨,打成几个窟窿,随时补葺,亦可支吾应付。乃必欲爽手扯破,又未预备何种修葺材料,何种改造方式,自然真相破露,不可收拾,但裱糊匠有何术能负其责?"(张鸿福著:《李鸿章》,长江文艺出版社2016年版)近代史学家唐德刚认为李鸿章"内悦昏君,外御列强",是自有近代外交以来,中国出了"两个半"外交家的其中一个(另外周恩来是一个,顾维钧是半个)。李鸿章在中国近代史上算得上一个杰出人物,毛泽东曾经在文章里对李鸿章有一句评价:"舟大水浅。"李鸿章是中国洋务运动开先河者。作为清王朝的重臣,李鸿章第一个走出国门,遍访欧洲,学习西洋的政治体制、武器制造、教育办学、经济管理等。可见,李鸿章作为一个晚清朝廷重臣和外交家来说,他个人为维护国家所做的努力是不可抹杀的。

晚清中兴第一名臣——曾国藩

曾国藩（1811—1872），初名子城，字伯涵，号涤生，宗圣曾子70世孙。清末湖南长沙府湘乡（今湖南省娄底市双峰县）人。中国近代政治家、战略家、理学家、文学家。官至两江总督、直隶总督、武英殿大学士，封一等毅勇侯，与胡林翼并称"曾胡"，与李鸿章、左宗棠、张之洞并称"晚清中兴四大名臣"。曾国藩一生勤勉踏实为官，如组建湘军、平定太平天国、"追剿"捻军、兴办洋务、发展教育、创立晚清"湘乡派"（散文）等，对维护晚清政权稳定，促进国家社会经济文化事业发展，产生重大影响。1872年，曾国藩在南京逝世，追赠太傅，谥

曾国藩

号"文正",后世称"曾文正"。著名学者蒋廷黻在《中国近代史》一书中评价曾国藩"是我国旧文化的代表人物,甚至理想人物"。

1. 进入仕途,不甘自我堕落

曾国藩,于清嘉庆十六年(1811)阳历11月26日出生于湖南省长沙府湘乡荷叶塘白杨坪(今湖南省娄底市双峰县荷叶镇天坪村)。祖辈以农为主,生活较为宽裕。祖父曾玉屏虽少文化,但阅历丰富;父亲曾麟书身为塾师秀才,满腹经纶,作为长子长孙的曾国藩,自然得到二位先辈的爱抚,他们望子成龙心切,便早早地对曾国藩进行传统教育。曾国藩6岁时入塾读书,8岁时父亲因屡试不中,开馆授徒,叫曾国藩在馆中跟读八股,背诵五经。14岁时能读《周礼》《史记》《文选》等,并参加长沙的童子试,成绩俱佳列为优等。20岁时父亲觉得自己已经教授完毕,推荐他到别的书院读书,并改号"涤生"。至1832年,曾国藩考取秀才,并与衡阳廪生欧阳凝祉(沧溟)之女成婚,开始在岳麓书院读书。24岁中举人,次年入京参加会试,在京一年多,没有考取。回湘路上借钱买《二十三史》。父亲鼓励他继续攻读。道光十八年(1838),曾国藩28岁,借亲戚的22串钱赴京赶考。中三甲第42名进士,朝考一等，改为翰林院庶吉士，怀报国之志的涤生乃改名"国藩"。从此之后，他一步一阶地踏上仕途之路，并成为军机大臣穆彰阿的得意门生。在京十多年间，他先后任翰林院庶吉士，累迁侍读，侍讲学士，文渊阁直阁事，内阁学士，稽察中书科事务，礼部侍郎及署兵部、工部、刑部、吏部侍郎等职。曾国藩就是沿着这条仕途，步步升迁到二品官位。

曾国藩的仕途畅通与他的秉性有关。秉性之形成，一是家风熏陶，二是好学深思。曾国藩是家里的长子长孙，从小就被赋予一种自觉的责任意识。他的家书，多半是写给弟弟们的。在京为翰林时，对于小自己13岁的四弟曾国荃（字沅甫），他悉心照料和教授，因之2人有着深厚的兄弟情谊。在京的经历为他们的兄规弟随奠定了基础。后来曾国藩带曾国荃率湘军征战，立下盖世武功。曾国藩教导诸弟，是在尽孝道。他说："余生平于伦常中，惟兄弟一伦，抱愧尤深，盖父亲以其所知者尽以教我；而我不能以吾所知者尽教吾弟，是不孝之大者也。"（曾国藩著：《曾文正公家书》）这是谦逊的说法。次弟曾国潢读书一般，曾国藩为他捐监生以候选县丞。三弟国华，曾国藩也为他纳贡入监，后来其率5000人去江西救国藩，在皖北随李续宾征战，殉难于三河。五弟曾国葆非常聪明，就是不愿考举人。最初随曾国藩练湘军，及国华战死后随胡林翼作战，与曾国荃会师南京，因军功晋升知府，病死于军中。由此可见，曾国藩对自己的严格要求也影响到曾门弟兄，从而成就功业。

为成就功业，在外貌形象方面，曾国藩都下坚实的苦功，注意塑造自己威严的形体。《清史稿·曾国藩传》说："国藩为人威重，美须髯，目三角有棱，每对客，注视移时不语，见者悚然，退则记其优劣，无或爽者。"同治二年（1863），中国最早的留学生之一容闳在安庆见到曾国藩（时任两江总督）时，这样形容曾国藩的形象："精神奕然，身长约五尺八九英寸，躯格雄伟，肢体大小咸相称。方肩阔胸，首大而正，额阔且高，眼三角有棱，目眦平如直线。凡寻常蒙古种人，眼必斜，颧骨必高。而文正独无此，两颊平直，髭髯甚多……乃益增其威严之态度。目虽不巨，而光极锐利，眸子作榛色，口阔唇薄，是皆足为其有宗旨有决断之表证。凡此形容，乃令一见即识之不忘。"（《近代史通鉴第03卷》）而这种气质，得益于长期的内在学问的训练，所谓："国藩事功本于学问，善以礼运。公诚之心，尤足格众。其治军行政，务求蹈实。凡规画（划）天下事，久无不验，世皆称之，至谓汉之诸葛亮、唐之裴度、明之王守仁，殆无以过，何其盛欤！……呜呼！中兴以来，一人而已。"（《清史稿·曾国藩传》）曾国藩在学习上孜孜不倦，苦读日夜不息，尤其在京参加朝考进入庶常馆学习后,"日以读书为业"。由于他博览群书,涉猎文献甚广,故在政治上有自己的独特观点:其最得心应手的政治手法就是结合了儒家和道家的双重思想,一方面推崇"内圣外王",另一方面讲求"黄老之术"。儒家讲究入世,所以曾国藩向来以天下为己任,声称"吾欲行仁义于天下",所以,他必须把握最重要的一些机会,在仕途上不断升迁。这就是玩弄权术的关键所在。道家讲究出世,讲究辩证。曾国藩经常以退为进,在危急时刻知道"转弯",在胜利时刻忧思危险,这就表明他懂得权术并非政治的全部,而唯有洞悉政治艺术,才能成其大者。一般人皆认为曾国藩是一代儒家大师,但从其回家奔丧从而以退为进、裁撤湘军来避免危机诸事和以柔克刚的秉性而言,曾国藩不失为一代道家宗师。老庄思想对曾国藩的一生都是有影响的。洞悉政治艺术首先在于以老庄之道养心,要能从政治权术的斗争中轻易独立出来,既要追求名利又要淡泊名利,保持一种若即若离的状态。他在同治元年(1862)的日记中写道:"因九弟有事求可、功求成之念,不免代天主张,与之言老庄自然之趣,嘱其游心虚静之域。"(《曾国藩全集·日记》第二册,岳麓书社1987年版)由此出发,在治理国家的问题上,也应该顺应老庄之道,平定大乱之后须无为而治。同治七年十二月(1869年1月)他在日记中写道:"思古圣王制作之事,无论大小精粗，大抵皆本于平争、因势、善习、从俗、便民、救敝。非此六者，则不轻于制作也。吾曩者志事以老庄为体，禹墨为用，以不与、不遑、不称为法，若再深求六者之旨而不轻于有所兴作，则咎戾鲜矣。"

在对中国近代历史产生重大影响的人物中，曾国藩应居首位。这些影响来自如下方面：一是平定太平天国，维持了清朝廷和国家的稳定；二是倡导洋务运动，力促国家的自强；三是勇于任事、善于任事的人格力量，影响了整整一个时代；四是培养和保荐李鸿章等重要人物，使中国的自强事业后继有人。

曾国藩是中国在军事上、政治上和文化上面临多种威胁之际，在本土崛起的士大夫与改革家。其行为的根源，在于所受的教育，而道德教育的力量，是他所受教育的根本内容。他说："君子之立志也，有民胞物与之量，有内圣外王之业，而后不忝于父母之所生，不愧为天地之完人。故其为忧也，以不如舜不如周公之为忧也，以德不修学不讲为之忧也。是故顽民梗化则忧之，蛮夷猾夏则忧之，小人在位、贤才否闭则忧之，匹夫、匹妇不被己之泽则忧之，所谓悲天命而悯人穷，此君子之所忧也。若夫一身之屈伸，一家之饥饱，世俗之荣辱得失、贵贱毁誉，君子固不暇忧及此也。"(《曾文正公家书之勉君子应立志》) 故此，忧天下之忧，是曾国藩行为的根源。

曾国藩在翰林院九年，他利用这段时期，潜心对理学进行近乎痴迷的研究。在这方面，他得益于曾任江南布政使、后来在京任太常寺卿的理学大师唐鉴的帮助。另外，堪称理学家的大学士倭仁也成为曾国藩的良师益友。曾国藩对理学的痴迷，可以从他对鸦片战争的态度看出来。道光二十一年（1841），中英鸦片战争在南方打得热火朝天，曾国藩没有表现出明显的关切之情，他从唐鉴"讲求为学之方""肆力于宋学矣"。当《江宁（南京）条约》签订之时，曾国藩仍然不以此事为大，相反，他在家书中表达了一种息事宁人的态度："然此次议抚，实出于不得已。但使夷人从此永不犯边，四海宴然安堵，则以大事小，乐天之道，孰不以为上策哉！"曾国藩虽处京师权力核心之地，但毕竟不在事件发生的现场和前沿，故而无法形成时代变迁的眼光，也没有看到鸦片战争对中国的意义。甚至到了道光二十九年（1849），曾国藩的对外思想还非常古旧顽固，一副天朝至尊的论调。他在家书中谈到英国人力图入广州城而未得时说："英夷在广东，今年复请入城。徐总督办理有方，外夷折服，竟不入城。从此，永无遗祸，圣心嘉悦之至……"就在鸦片战争结束的那一年，他每天都学习倭仁，记录自己的言行，为自己拟定一个扎实的每日功课表，声称要"新换一个人""不甘愿自我堕落""勿为禽兽"。

能以这样的课程严于律己的人，在学问和做人上都会有超出常人的进步。这也是曾国藩后来成就大业、得"圣相"之誉的具体原因吧。

2. 操练湘军，镇压太平天国

太平天国起事后迅速杀进湖南。而在京的曾国藩尚不清楚自己出京南下将和这一重大机缘碰头。咸丰二年（1852）七月下旬，他奉命为江西乡试正考官。九月八日行抵安徽太湖县的小池驿，得到母亲去世的噩耗。按例他得直接回乡守制。九月二十五日行抵湖广总督驻地武昌，得知太平军正在围攻湘乡老家。他历经艰险于十月六日回到家乡，旋即与县城团练总局的罗泽南等人商量团练事务。为安抚乡里，作《保守平安歌》，提出三点意见：第一，莫逃走；第二，要齐心保家乡；第三，要操练武艺。大家齐心办团练，才能家家户户保平安。

咸丰三年（1853）一月二十一日，曾国藩接到帮办团练的寄谕。老同学郭嵩焘正在湘乡，他劝说曾国藩赶快出山，早年立下"吾欲行仁义于天下"志向的曾国藩思考再三，决定去长沙做团练大臣帮办。曾国藩在给咸丰皇帝的复奏中说："圣谕团练乡民一节，诚为此时急务。"他的办法是："于省城立一大团，认真操练,就各县曾经训练之乡民,择其壮健而朴实者招募来省。参访前明戚继光、近人傅鼐成法,但求其精,不贵其多;但求有济,不求速效。"团练的出现实在是腐朽的清王朝不能自保的象征。八旗兵和绿营兵等在与太平军的作战中一触即溃。曾国藩对他们早就不抱半点儿幻想。他说他们:"习气太盛,安能更铸其面目而涤荡其肠胃?恐岳王复生,半年可以教成武艺,孔子复生,三年不能变革其恶习。"(《曾文正公全集·书札》第一册)可见,曾国藩办团练是有自己的想法和特色的:一是办在省城,而不是乡下,其用意在于迅速在全省产生作用。二是不求多而求精。多了没有本钱,而且没有实际战斗力。在长沙数月,他因追求湘军的独立地位而和绿营兵发生摩擦,尤其是和湖南巡抚骆秉章产生矛盾。咸丰三年(1853)八月,曾国藩率精锐部队移师衡阳,实际是被逼走的。曾国藩准备扩充其湘军为1万人,由于他不想此军为湖南的巡抚、提督、总兵等控制,但又因练兵不受上面的正规军将领节制是违制的,所以他打出的旗号是为当时尚在江西的楚军首领江忠源练兵。于是,权力问题解决了。他又听从江忠源转达的郭嵩焘的意见,在衡阳开练水师,这是湘军当时不同于其他团练的最大特色。从咸丰三年(1853)年底开始,湘军水师练成10营共5000人。这样,曾国藩从长沙帮办团练时别人的1000多湘军,现在扩展为具有较强战斗力的武装。加上他没有向户部借用一分钱，他也就拥有了绝对的控制力。儒生曾国藩迅速成为儒将曾国藩。咸丰四年（1854）以后，水师舰船安装了许多西洋大炮。训练有素、装备先进的水师有利于争夺江面控制权，这为湘军的崛起开辟了战略通道。

南方各省皆办团练，为何曾国藩办湘军最为得力，而且成为平乱的主力？这其中的差别就在于将领的素质。曾国藩办团练，首先对将领进行儒家思想的精神灌输与教育。对于首领，首先要做到："带勇之人，第一要才堪治民，第二要不怕死，第三要不急急名利，第四要耐受辛苦。治民之才，不外公、明、勤三字。不公不明，则诸勇必不悦服。不勤则营务细巨，皆废弛不治。故第一要务在此。不怕死则临阵当先，士卒乃可效命，故次之。为名利而出者，保举稍迟则怨，稍不如意则怨，与同辈争薪水，与士卒争毫厘，故又次之。身体羸弱者，过劳则病，精神乏短者，久而则散，故又次之。四者似过于求备……大抵尤忠义血性则四者相从以俱至，无忠义血性，则貌似四者，终不可恃。"（《复彭筱房曾香海》《曾文正公全集·书札》第二册）从他对个人的要求而言，他特别强调用仁心和恩情打动士兵，建立一支真正的"父子兵"。他在日记中说："带勇之法，用恩莫如用仁，用威莫如用礼。仁者，所谓欲立立人，欲达达人也。……礼者，即所谓无众寡，无小大，无敢慢，泰而不骄也。正其衣冠，尊其瞻视，俨然人望而畏之，威而不猛也。持之以敬，临之以庄，无形无声之际，常有懔然难犯之象，则人知威矣。守斯二者，虽蛮貊之邦行矣，何兵勇之不可治哉？"

对于士兵，他也是严格要求，绝不同于古旧衰败的绿营兵。咸丰八年（1858）十二月，他作《爱民歌》以训湘军。歌词曰："三军个个仔细听，行军先要爱百姓。贼匪害了百姓们，全靠官兵来救生。第一扎营不贪懒，莫走人家取门板。莫拆民房搬石头，莫踹禾苗坏田产。莫打民间鸡和鸭，莫借民间锅和碗。莫派民夫来挖壕，莫到民家去打饭。筑墙莫拦街前路，砍柴莫砍坟上树。挑水莫挑有鱼塘，凡事都要让一步……军士与民如一家，千记不可欺负他。日日熟唱爱民歌，天和地和又人和。"以这种精神治军，在于取得道义上的优势，从而得到民众的支持，其手段是十分高明的，这对于后来的革命军都具有启示意义。蔡锷于1911年选编的《曾胡（林翼）治兵语录》中辑录曾国藩大量的治军语录。曾国藩说："每逢三八操演，集诸勇而教之，反复开说至千百语，但令其无扰百姓。自四月以后，间令塔将传唤营官一同操演，亦不过令弁委前来，听我教语。每次与诸弁兵讲说至一时数刻之久，虽不敢云说点顽石之头，亦诚欲以苦口滴杜鹃之血……国藩之为此,盖欲感动一二,冀其不扰百姓,以雪兵勇不如贼匪之耻,而稍变武弁漫无纪律之态。"总之,曾国藩严于律己,视兵如子,重视士气的作风,最终练就了战斗力很强的湘军。

  曾国藩平定太平军并非一帆风顺,相反,他曾数次遭遇严重的挫折。咸丰四年一月(1854年2月),太平天国西征军攻克庐州,江忠源城破自杀。二月,曾国藩统率湘军17000余人离开衡州,水陆并进,北上迎敌。沿途张贴其《讨粤檄文》。站在捍卫传统礼教文化的高度,他说太平天国"举中国数千年礼义人伦、诗书典则,一旦扫地荡尽",因此,他"赫然奋怒,以卫吾道"(曾国藩:《讨粤匪檄》《曾国藩全集·诗文》)。四月初一夜,曾国藩在长沙决定先进攻靖港的数百太平军。曾国藩长于计谋而短于临阵指挥,虽则有3000多水陆军归他亲自指挥,但是这场首战,还是差点要了曾国藩的命。曾国藩率军于四月初二中午抵达敌军前岸,未料到突然刮起南风,战船多被吹往敌军阵前,敌军岸炮齐发,击中失控的曾国藩水师船队。很快,敌军又划出200多个小舢板,在战船外围用火枪射击。水勇纷纷弃船逃跑,有些冷静的还知道把船凿沉,恐以资敌。曾国藩见水师不行,又指挥陆军进攻。无奈刚过浮桥,太平军即杀奔过来,短兵相接,湘军不敌,纷纷掉头撤退。浮桥亦被踩坏,溺毙、踩死100多人。

曾国藩仗剑督战，在岸上竖立令旗，疾呼："过令旗者斩！"人员嘈杂之中，根本就没有人听，多从旗旁绕过。曾国藩见状也仓皇逃到对岸铜官渚残存的水师船上。为此，他羞愤难当，仰天长叹，"愤而投水者两次"，皆被亲兵章寿麟救起。回船后他仍然想自尽，并召集幕友李元度、陈士杰，吩咐后事，要其代作遗折，与《讨粤檄文》一起进呈御览。要他们赶紧抚送灵柩回家，除棺材成本及运费外的丧仪，都交给粮台。说完，曾国藩再次要自裁，被左右拉住。如此这般半天，急闻湘潭攻克的捷报，曾国藩才松了口气，不再闹自杀。左宗棠赶到曾国藩处，看到曾国藩的狼狈样，"责公事尚可为，速死非义"。曾国藩父亲得知后，也教训说："儿此出以杀贼报国为志，非只为桑梓也。兵事时有利钝，出湖南境而战死，是皆死所，若死于湖南，吾不尔哭也。"

知耻而后勇的曾国藩一路胜战。当年十月，湘军克武汉，曾国藩署理湖北巡抚。年底，石达开部从安庆移师江西湖口，与曾国藩水师对峙。咸丰五年（1855）年底，湘军水师中计陷入鄱阳湖，是为"内湖水师"，在长江的湘军水师为"外江水师"。太平军水师火攻外江水师于湖口江面，大胜。一月，太平军再次乘夜火攻湘军水师，焚其大小战船100余艘。曾国藩的座船也被烧毁，所有公私文牍全部遗失。曾国藩再次投水自尽获救，坐小船逃入罗泽南陆营。此后两年，湘军一蹶不振。咸丰六年（1856）秋，太平天国内讧，曾国荃筹办"吉"字营湘军，为湘军带来了机会。咸丰七年（1857）二月，曾国藩在江西军中闻父亲去世噩耗，不待朝廷的批准就携弟国华回籍奔丧。其时，曾国藩和朝廷的矛盾也在加深，六月，他奏请开去兵部侍郎缺，历陈办事艰难情形，伸手要巡抚职位，实际是以退为进，看咸丰的态度。咸丰也是顺水推舟，准其所请，令曾国藩在籍守制，削夺其兵权。可是，失去曾国藩的湘军群龙无首，运转不灵。咸丰八年（1858）七月，朝廷再次启用曾国藩，命他统率江西湘军追击石达开。其后在江西、皖南一带征战一年多。

咸丰十年（1860）五月，太平军李秀成、陈玉成部第二次总攻江南大营，破之。天京（今南京）之围遂解。六月，两江总督何桂清自驻地常州逃走，被革职拿问。李秀成部克苏州、常州一带。清政府赏加曾国藩兵部尚书衔，署理两江总督。同时，左宗棠奉旨以四品京堂候补，随同曾国藩襄办军务，回湘募兵，湘军左系开始建立。八月，曾国藩实授两江总督，并授为钦差大臣督办江南军务，所有大江南北水陆各军均归节制。自此，曾国藩达到权力顶峰，开始全盘筹划平定太平军。次年十一月，朝廷的谕旨再次强调了江苏、安徽、江西3省并浙江全省军务，所有4省巡抚提镇以下各官，悉归节制的命令。同治元年（1862）五月，曾国荃部进扎雨花台，开始围攻天京。次年五月，长江水面肃清。八月，天京东、南面堡垒攻破。同治三年（1864）正月，天京被正式合围。而外围，据曾国藩奏报："距城百里之外，如镇江、东坝、溧水、金柱关均有重兵助守，宜兴、溧阳二县又新经苏军（即淮军）克复，外援将绝，粮米无多。"六月，天王自杀。七月，曾国荃部率先引燃地道火药，天京城墙塌，旋即天京失陷。八月，曾国藩得赏太子太保，赐封一等勇毅侯爵。清自开国以来，文臣封侯自曾国藩始。曾国荃赏太子少保，晋封一等威毅伯爵。左宗棠和李鸿章也分别封一等恪靖伯爵和一等肃毅伯爵。

　　攻克天京后，曾家兄弟与朝廷、左宗棠的矛盾激化。先是朝廷谕示曾国藩令曾国荃交出天京所掠金银。接着，左宗棠上《攻剿湖郡安吉踞逆并迭次苦战情形折》，揭发曾国藩虚报战功，谓幼天王已死，实则幼天王逃往湖州。后为沈葆桢部所获，杀于南昌。而曾国藩实际是据曾国荃亲证李万材供称及城内"各贼"供称，得出"伪幼主积薪自焚"等错误结论。因此事曾国藩愤激而与左宗棠断交，之后竟终生不通书信。唯曾国藩逝世时，左宗棠送来挽联说："谋国之忠，知人之明，自愧不如元辅；同心若金，攻错若石，相期无负平生。"（谭伯牛著：《战天京》）左宗棠承认了他们间的矛盾，但终究"无负平生"。

左宗棠和曾国藩的矛盾，根本上是两个人的处世精神的差异。左宗棠至刚而曾国藩至柔。左宗棠向来以诸葛亮自居，积极进取，好大喜功。而曾国藩善于以退为进，内用黄老，外示儒术。曾国藩曾在咸丰十一年（1861）、同治四年（1865）多次请辞不担任要职。曾国藩追求的是一种具有实际权力而又不为虚名所累的境界。上述咸丰七年（1857）他请求担任巡抚一类实职，不是为了巡抚这一虚名，而是便于节制军队、做实事。当年他得知父亲去世，上书请假，在得不到批准的情况下，身为兵部右侍郎督办江西军务，曾国藩因为没有实权，又与江西地方官有矛盾，就负气擅自离营回籍守制。曾国藩这种行为自然有他自己的道理。而左宗棠给曾国藩写信，狠狠地批评了他的行为。但一年多以后，曾国藩仍然极力推荐左宗棠督办和节制浙江全省军务、军队。左宗棠也得以候补浙江巡抚。至于太平天国幼主之事，二人的矛盾实际与当时的军情紧急、掌握的情报不同有关。此后，据薛福成的说法："左文襄公自同治甲子与曾文正公绝交以后，彼此不通书问。"不过，在随后的"剿捻"中，曾国藩以德报怨，仍然尽力资助"剿捻"的左宗棠部下。其道行上的修为，非左宗棠和李鸿章所能及。

咸丰十年（1860）曾国藩实授两江总督后，对于日益增加的权力，他没有沾沾自喜，反而日增戒惧。

同治元年（1862），他对曾国荃说："阿兄忝窃高位，又窃虚名，时时有颠坠之虞。吾通阅古今人物，似此名位权势，能保全善终者极少。深恐吾全盛之时，不克荫庇弟等；吾颠坠之际，或致连累弟等。"（《曾国藩家书》）曾氏兄弟克复金陵，平定太平天国，功高震主。而其所辖湘军计曾国荃部55000人；鲍超部霆军2万左右；左宗棠部老湘军5万左右；李鸿章部淮军7万多人；在皖南的刘松山等部1万多人；李续宜部1万多人，共计约20万之众。真正遭到猜忌的是曾国荃部嫡系湘军。同治三年（1864），他裁遣曾国荃部湘军一半，暂留半数守防南京、皖南等处。曾国藩知道自己打下南京后的行为已经触怒了上面，一是误报或谎报幼天王之死；二是未能制止曾国荃部在金陵的抢掠；三是违旨将李秀成和洪仁达匆匆在金陵正法。如果不采取措施挽救名声，只怕会有更大的麻烦。所以，他在《曾国荃因病请开缺回籍调理折》中，以高明的手法，假借生病而对真正的原因一字不提。在朝廷同意后，曾氏兄弟终得以保全。数年以后，同治七年十二月（1869年初）曾国藩获授直隶总督后在京觐见慈禧、慈安太后时，从主仆的对话中可以看出慈禧还是很关心裁撤湘军之事的。第一次召见时，慈禧问："汝在江南，事都办完了？"曾国藩对："办完了。"问："勇都撤完了？"对："都撤完了。"问："遣散几多勇？"对："撤的二万人,留的尚三万。"问:"何处人多?"对:"安徽人多。湖南人也有些,不过数千;安徽人极多。"问:"撤得安静?"对:"安静。"两天后第二次召见时,问到造船的事。再次日,第三次召见时,太后问道:"鲍超的旧部撤了不?"对:"全撤了,本存八九千人,今年四月撤了五千人,九月间调直隶时恐怕滋事,又将四千人全行撤了。"(萧一山:《曾国藩传》,海南出版社2001年版)由此看出,平乱以后,曾国藩的湘军始终是朝廷关注的重点。而曾国藩以自己的智慧历险境而保存,聪明而果敢。

通过镇压太平天国,曾国藩、左宗棠、李鸿章、胡林翼、郭嵩焘等一大批汉族官僚兴起。而曾国藩则成了最为朝廷倚重的汉族官僚。慈禧太后每简督、抚,"必先密询国藩,问其贤否"。曾国藩还通过举荐,营造了一个庞大的权力和势力网络,据翁同龢日记所载,金陵克复后,曾国藩请奖保举的人员不下1200人,其奏折厚达"盈尺"。汉族开明官僚在地方的得势,为中国开展改革事业创造了政治基础,于此,曾国藩功不可没。当然,这样的举荐也直接造就了曾国藩的湘系关系网。

3.倡导洋务,维护国家权益

曾国藩倡导洋务,主张学习西方,主要是因为他在编练湘军时接触到洋枪洋炮,并见识到西式武器的威力。咸丰四年(1854)十月,湘军攻陷武昌,就大量使用洋炮。咸丰十年(1860),第二次鸦片战争结束时,因俄国首先向恭亲王提出愿意派遣水师"会剿"太平天国,清廷就借师"会剿"一事向疆臣征求意见。十二月十九日,曾国藩于两江总督任上复奏表明两个立场:一是对于俄国的"会剿"计划,在态度上要表示热诚感谢,但是在行动上要拖延一下,等陆军克复江南各省后再约会其派船助剿。此举是担心洋人介入中国内政及控制中国军队。二是从长远来看,"将来师夷智以造炮制船,尤可期永远之利"(《曾文正公全集·奏稿》第十五册)。他提出了自己造炮造船的主张,是洋务运动自强自立的先声。次年八月,在回复朝廷提出的购买洋船洋枪助剿的意见时,他再次主张:"今日和议既成,中外贸易有无交通,购买外洋器物,尤属名正言顺。购成之后,访募覃思之士,智巧之匠,始而演习,继而试造,不过一二年,火轮船必为中外官民通行之物,可以剿发捻,可以勤远略。"这是他再次提出自己造船造炮的主张。就在该年冬天,曾国藩令在安庆设立制造火药、子弹各局,又内设军械所,制造洋枪洋炮,是为中国最早的现代军工企业。

同治二年(1863)秋,曾国藩在安庆接见回国的美籍华人容闳。容闳(1828—1912),广东香山人,13

岁入马礼逊学校学习,后来随该校校长去美国,考入耶鲁大学。在美国就曾经立志:"借西方之文明之学术,以改良东方之文化,必可使此老大帝国一变而为少年。"容闳知道曾国藩有建造机器厂之意后乃建议先设立一母厂,再由母厂造出其他各种机器厂。而他所谓的母厂,不是专门造枪炮,而是造出能制造枪炮的各种机械。此法高明之处在于将来的兵工厂就不是单纯的枪炮制造厂,而是可以兼顾民族工业的发展。同治二年(1863)十月,朝廷曾拨款68000两白银,派容闳赴美购买机器,同治四年(1865)买回来"制器之器"。其令李鸿章派员在上海高昌庙筹建江南机器制造总局。李鸿章派遣丁日昌(时任上海海关道)买下设在虹口的美商之旗记铁厂。于是,这两项买卖集中在一起,加上苏州洋炮局的车间,组成了"江南制造总局"。由此看来,曾国藩实为总策划者。

  曾国藩在办理洋务时,注重维护国家权益。最有意义的一件事是拒绝阿思本舰队。咸丰十一年(1861),为帮助平定太平天国,在英国人赫德(时任广州海关副税务司)和李泰国(时任中国海关总税务司)的怂恿下,恭亲王奕䜣推动朝廷向英国购买一支现代化的舰队。同治元年(1862)二月二十七日,总署命令两广总督劳崇光同赫德最后议定,由赫德向英国购买中号兵船3艘、小号兵船4艘,以及船上的火药炮械。

经过赫德和李泰国与英国政府的交涉，李泰国很快购得舰船8艘。这8艘舰船被李泰国分别命名为"北京"号炮舰、"中国"号炮舰、"江苏"号炮舰、"广东"号炮舰、"天津"号炮舰、"巴拉莱特"号供应船、"厦门"号快艇等。同时招募了英国海军官兵600人，聘英国皇家海军上校谢拉德·阿思本为"总统"。同治元年年底（1863年年初），未经清朝廷允许，李泰国擅自与阿思本签订《合同十三条》，并擅自制定了《英中联合海军舰队章程》。（《海防档·购买船炮》，台北"中央"研究院近代史研究所1957年版）这13条完全违背了当初的协议。根据这个合同，阿思本不仅成了这支舰队的司令，而且是清朝廷的海军总司令，所有官兵都由阿思本任用。阿思本只接受中国皇帝的命令，不接受中国其他官员的命令。中国皇帝的命令必须由李泰国传达，而李泰国对中国皇帝的命令有否决权，即他认为行得通的就传达，行不通的就不传达。

李泰国极具野心，他主张应当把中国"和西方列强的关系建立在一种新的而且更健全的基础上"。他幻想自己成为"（中华）帝国政府的指导人物""应当充任海军大臣，而且是唯一的海军大臣"（马士著：《中华帝国对外关系史》，三联书店1958年版）。

同治二年（1863）五月下旬，阿思本率舰队到达中国，李泰国全部推翻与清朝廷的原定章程，声称必须按他们制定的《合同十三条》办事。奕䜣等人坚决拒绝李泰国的阴谋手段,认为李泰国此举是要控制中国的兵权,于是"再四向李泰国严词驳诘,相持几近一月"。奕䜣还上奏说李泰国"狡猾异常,中外皆知,屡欲去之而不能。今因办船贻误,正可借此驱逐"。

  当初,曾积极支持购买英国舰船的曾国藩是想把这支舰队的指挥权掌握在自己的手中,以加强其军事实力。他在复奏购买洋船洋炮时曾表示:"购买外洋船炮,为今日救时第一要务。"不过,曾国藩一直对借洋助剿怀有戒心。他说:"彼以助我而来,我若猜忌太深,则无以导迎善气。若推诚相与,又恐包藏祸心。观于汉口焚船等案,片言不合,戎事立兴。嫌衅一开,全局瓦解。臣始终不愿与之会剿者,盖亦筹之至熟。"(《曾国藩家书》)所以,当发现这支舰队完全不是他想象的情况后,他非常愤怒。中、英原来的计划是:英舰驶到中国,由中国总兵官为"总统",兵弁从湖南、山东、满洲等地招聘,酌情聘用一些外国人(7名,不限于英国)作为舵手和炮手。总署把此事发密函至各地方大员讨论。曾国藩即回复奕䜣:"购船云者,购之以为己物,令中国之主也。"说的是由中国人担任指挥。对于英国人还提出要和中国的船停泊在一处,他说:"轮船之于长龙、舢板,大小既已悬殊,迟速更若霄壤。假令同泊一处,譬之华岳高耸,众山罗列,有似儿孙。洋人本有欺凌之心，而更授以可凌之势；华人本有畏怯之素，而又逼处可怯之地。及至约期开行，彼则如箭如飞，千里一瞬；此则阻风阻水，寸步难移。求其拖带同行，且不可得，又安能使彼听我号令、以为进止哉？"因此，干脆"将此船分赏各国，不索原价"。而唯一的损失，不过"区区一百七十万之船价，每年九十四万用款而已""以中国之大，视之直如秋毫，了不介意"(《曾国藩家书》)！曾国藩确实看到了外国控制中国军队的野心，处于国防重臣地位的他绝对不会要洋人参加控制中国军队，所以他夸大其词地劝说恭亲王这些损失不算什么。不过，曾国藩的信，坚定了恭亲王遣散阿思本舰队的信心。他复函到曾国藩处，曾国藩记载："恭邸有信寄余，极佩余八月十二日一函之说。"清政府主要依据曾国藩等人的意见，痛下决心，"将轮船撤退"，英国军舰、兵勇全部退回，要求英国归还中国预付的船款。已经发派的薪酬、差旅等费用，则由中国方面支付。额外赏给阿思本1万两银子，同时撤销李泰国的中国总税务司职务。

从购舰船到遣散舰队的1年又8个月的时间里，喧嚣一时的"阿思本舰队"计划，耗费清政府白银173万两。舰船遣散变卖后仅收回106万两，清政府白白损失白银66万多两。得到最大好处的不是曾国藩，而是从中、英交涉中脱颖而出的赫德。年轻的赫德得到总理衙门的信任,成为中国海关总税务司。不过,曾国藩和奕䜣等人坚决拒绝英国人奸诈之计的勇气成功地维护了国家的权益,也打击了英国人的野心。

4. 处理对外关系,推崇忠信笃敬

晚清直到咸丰十一年(1861)三月总理衙门成立,才有了正式的办理近代外交的中央机构。第一次鸦片战争以前,"夷务"由中央理藩院负责交涉,使臣由礼部接待,光禄寺安排寝所,工部和户部负责薪炭等项支应,兵部负责保卫,完全是把外国使节当朝贡使节对待。在鸦片战争期间,由于朝廷和皇帝不愿与洋人打交道,直隶总督琦善直接和英国人接触,成为办理全国性外交的地方官员。道光二十二年(1842)的《南京条约》,也是由两广总督耆英、两江总督牛鉴和乍浦驻军副督统伊里布代表清政府签字。所以,从近代中外发生关系以来,地方督抚就直接参与对外交涉,由此形成了一种模式:即使是总理衙门成立后,朝廷对于重大外交决策和对外纠纷等问题仍然坚持向地方大员,特别是朝廷倚重的大员进行咨询。这就使得曾国藩、左宗棠和李鸿章等人在晚清对外关系中具有非常重要的地位。

作为清朝重臣,曾国藩长期参与对外决策,这使他形成了自己的一套对外交往的思想。概括起来就是：顺应潮流、善于变通；面子能舍，民生不能舍。其中后一点是曾国藩对外关系的原则性主张。在他看来，中华帝国的虚假威仪完全可以放弃，而关于国计民生的事项，不得讨价还价。

值得注意的是，他把对外关系的立场建立在传统的道德教条上。他说："夷务本难措置，然根本不外孔子忠信笃敬四字。笃者，厚也。敬者，慎也。信，只不说假话耳，然却难。吾辈当从此一字下手，今日说定之话，明日勿因小利害而变。"（《挺经·廪实》）他从中国儒家古籍中有关人际交往的伦理中发掘出对外关系的原则，也是他的一大发明。

他的守信，应该包含两个方面：一是守定和约，对于已经签订的和约既然无法改变，就应该予以遵守。关键的是防止列强扩大和约以外的利益。二是讲"恩信"或曰"威信"，从自身的道德完善中获取自立自强的力量。"自古善驭外国或称恩信，或称威信，总不出一信字……既已通好讲和，凡事公平照拂，不使远人吃亏，此恩信也。至于令人敬畏，全在自立自强，不在装模作样。临难有不可屈挠之节，临财有不可点染之廉，此威信也。《周易》正家之道，尚以有孚之威归诸反身，况立威于外域，求孚于异族，而可不反求诸己哉！斯二者看似迂远而不切于事情，实则质直而消患于未萌。"

（蔡锷著:《曾胡治兵语录》）由此议论可以看出，曾国藩之谓"信"，并非教导国人要顺从侵略，听信奴役，而是不要"装模作样"，要从自立自强的角度，反观自身的弱点，完善自己，从而才能有"信"可讲。

信者，诚也。曾国藩一生重诚信，当年李鸿章接替曾国藩担任直隶总督，李鸿章曾向曾国藩请教处理外交的方法,曾国藩即以一个"诚"字锦囊相赠。此后，李鸿章在处理同各国的外交事务时，皆奉行一个"诚"字，且深得其要诀，察言观色，信守承诺，并据理力争，可谓受益无穷。曾国藩曾说："显违条约，轻弃诺言，而后为失信也。即纤悉之事，嚬笑之间，亦须有真意。"（《曾文正公全集·书札》第三十册）

无一例外，两次鸦片战争和太平天国运动以后，所有的士大夫都面临对外的问题。而"战"与"和"的选择是绕不过去的障碍。曾国藩对战和问题有自己的一套看法和主张。自咸丰十年（1860）英法联军占领北京，后来又根据条约撤走之后，清政府许多人认识到新的敌人具有新的企图，意在通商，所以具有与他们和平相处的可能性。"恭亲王和文祥以西方军队按照条约迅速从北京撤退为例，断言西方人与中国历史中企图获得中国领土的其他外夷不同。用信义使他们就范，以此驯服他们的野性，中国便能为自己谋利。"曾国藩也是自19世纪60年代以后形成主和观点的。

他在给李鸿章的信中说:"承示驭夷之法,以羁縻为上。诚为至理名言。自宋以来,君子好痛诋和局,而轻言战争,至今清议未改此态。有识者虽知战不可恃,然不敢壹意主和,盖恐群情懈弛,无复隐图自强之志。"(《曾文正公全集》)羁者,束缚也;縻者,笼络也。其要点在于主和而不得以为是投降,稍加控制而不得引发战争。

曾国藩和当时洋务派推行洋务,皆为自强以挽救清朝危亡。其主和外交,实际上是为自强创造一个相对稳定、和平的环境,而并非盲目投降。在晚清内外交困、面临强敌的形势下,"隐忍徐图"的自强之道,是中国最为理性的选择。曾国藩还主张对不同的情势予以区分,要顺应潮流,善于变通,着眼于大局,而不应该在小事上纠缠。所谓:"鄙意办理洋务,小事不妨放松,大事之必不可从者乃可出死力与之苦争。"(曾国藩著:《复吴竹庄廉访》)其子曾纪泽随侍身边多年,深得曾国藩精神的精髓,所以在与伊犁交涉上据理力争,表现了非凡的智慧和勇气。薛福成对曾国藩的对外思想评价道:"自泰西各国通商以来,中外情势已大变于往古。曾国藩深知时事之艰,审之又审,不肯孟浪将事,其大旨但务守定条约,示以诚信,使彼不能求逞于我,薄物细故,或所不较。曾国藩自谓不习洋务,前岁天津之事,论者于责望之余,加以訾议。曾国藩亦深自引咎，不稍置辩，然其所持大纲，自不可易。居恒以隐患方长为虑，谓自强之道，贵于铢积寸累，一步不能蹈空，一语不能矜张，其讲之要有三：曰制器，曰学校，曰操兵。故于沪局之造轮船，方言馆之翻译洋学，未尝不反复致意。其他操练轮船，演习洋队，排选幼儿出洋肄业，无非为自强张本，盖其心兢兢于所谓绸缪未雨之谋，未尝一日忘也。"（葛士浚著：《皇朝经世文续编》卷十九）

　　在战和之外，还有更详细的策略，比如"争"。争什么？争关乎国计民生的重大原则问题。同治六年（1867），曾国藩主张：以列强"所要求各事言之……铁路、轮船、行盐、开栈等事，害我百姓之生计，则当竭力相争，始终不可移易"。"如果洋人争辩不休，尽可告以即使京师应允，臣等在外仍必以全力争回；即使臣工勉强应允，而中国亿万小民穷则思变，与彼为仇，亦断非中国官员所能禁止。中国之王大臣，为中国之百姓请命，不患无词置辩，甚至因此而致决裂。而我以救民生而动兵，并非争虚仪而衅，上可以对天地列圣，下可以对薄海苍生，中无所惧，后无可悔也"（陈忠倚著：《皇朝经世文三编》卷四十）。可见，曾国藩在外交上不但讲究原则，而且讲究策略，其"以民制洋"的策略，在现代外交中亦经常被运用。

5. 选派小留学生，回国"酌量器使"

在两江总督的任上，曾国藩继续为国事操劳。作为改革中国的一部分措施，同治十年（1871）七月，他极力推荐丁日昌提出的选派聪明的幼童出国学习的政策主张。这是一项长期的举措，因为按照曾国藩和丁日昌的估算，至少得10年才能有"渐图自强"的效果。他依据有关条约，为选派人员出国留学找到依据："查美国新立和约第七条内载，嗣后中国人欲入美国大小官学学习各等文艺，须照相待最优国人民一体优待。又，美国可以在中国指准外国人居住地方设立学堂，中国人亦可在美国一体照办等语。"所以，他又和李鸿章商量，主张先派幼童去美国学习，然后再推广到英国。但是，办理此事有两个难处：一是挑选人才，二是筹集经费。他奏请由陈兰彬、容闳等人负责挑选沿海各省儿童，每年以30人为限，4年共120人。分年出洋，15年后按照出国的年份依次序回国。而每年从江海洋税下拨出6万两银子应该不难。其实丁日昌和曾国藩商量的计划来自上文所述第一个在美国获得学位的中国人容闳。容闳在咸丰十年（1860）曾经由香港、上海一路到达太平天国据守的天京，向主持朝政的洪仁玕出谋划策，因不能被重用，而且他自己也认为："以予观察所及，太平军之行为，殆无有造新中国之能力，可断言也。"（容闳：《西学东渐记》，钟叔河主编：《西学东渐记》，岳麓书社1985年版）3年后受邀请投奔时任两江总督的曾国藩幕府。曾国藩委托容闳购买机器，同治四年（1865），容闳把机器买回来，此后才有江南机器制造局。曾国藩处理天津教案时容闳曾担任他的翻译。容闳在江苏给丁日昌谋划公派留学生的主张也得到曾国藩和大学士文祥的支持。总之，选派幼童出洋留学是中国教育改革和洋务运动的一件大事。

曾国藩关于派遣留学生的建议被清廷采用，同治十一年（1872）阳历7月，清政府选出首批共30名幼童，由陈兰彬和容闳率领自上海出洋。此后3年间，清廷继续完成曾国藩遗志，又派出3批留学生。然而，从光绪二年（1876）起，陈兰彬和容闳在如何看待学员参加基督教活动和剪发辫、着西服等问题上出现根本的分歧。陈兰彬后来调任驻美公使，他推荐的继任者吴子登（嘉善）原来在国内就反对派遣留学生出国，现在担任幼童出洋肄业局的正监督，更加顽固地反对学员学习西方生活方式。他制造种种谣言："谓予（容闳）若何不尽职，若何纵容学生，任其放荡淫佚，并授学生以种种不应得之权利，实毫无裨益；学生在美国，专好学美国人为运动游戏之事，读书时少而游戏时多；或且效尤美人，入各种秘密社会，此种社会有为宗教者，有为政治者，要皆有不正当之行为；坐是之故，学生绝无敬师之礼,对于新监督之训言,若东风之过耳;又因习耶教科学,或入星期学校,故学生已多半入耶稣教;此等学生,若更令其久居美国,必致全失其爱国之心,他日纵能学成回国,非特无益于国家,亦且有害于社会;欲为中国国家谋幸福计,当从速解散留学事务所,撤回留美学生,能早一日施行,即国家早获一日之福。"(钟叔河主编:《西学东渐记》,岳麓书社1985年版)

然而清政府对派遣留学生一直存在顾虑,在派出第一批留学生后,朝廷就规定这些留学生必须每3个月到清政府主管的"选带幼童出洋肄业局"学习华文一次,学习《孝经》和圣谕。这主要是防止留学生西化。此外,国内的顽固势力对派遣留学生一事极为反对,他们极言留学将会造成的重重恶果,竟荒唐地要求将留学生撤回。李鸿章和美国方面容闳、前总统格兰特和牧师推切大为恼火,据理力争,仍然无法挽救这一事业。光绪七年(1881)九月六日,清廷召回全部留学生。派遣留学生这一推动社会进步的事,仅仅持续了9年,就此终止。在这些派遣去往美国的共120名学生中,大多数学而未成,真正完成大学业的仅有2人。

这样,中国首批官派留学生大多没有完成学业,其根本原因,是守旧势力对西学的恐惧,对国民忠诚度被淡化的恐惧。可惜曾国藩的良好建议，最终落得如此结局。郑观应后来为之叹息说："全数撤回，甚为可惜……何至浅尝辄止，贻讥中外。"容闳不仅对此深表遗憾，他在给李鸿章的信中，气得直骂吴子登："苟非丧心病狂，亦何至欲破坏此有益国家之事？愚以为若吴子登其人者，只宜置之疯人院或废病院中，恶（何）足以任留学生监督？"对于陈兰彬，他也骂曰："怯懦鄙夫，生平胆小如鼠，即极微小之事，亦不敢担负丝毫责任。"有如此庞大的守旧愚顽势力的阻止，中国的改革事业，非一日之功，由此可见一斑。这批出国的幼童后来还是有几人成就事业的，如铁路专家詹天佑、北洋大学校长蔡绍基、外务部尚书梁敦彦、民国总理唐绍仪、甲午海战中因作战英勇而获得"巴图鲁"之誉的吴应科等。

同治十一年（1872）阳历2月27日，曾国藩领衔上奏建议数件大事：第一，尽快落实"派遣留学生一事"；第二，在美国设立"中国留学生事务所"；第三，在上海设立幼童出洋肄业局。曾国藩对留学生有明确要求，他指出："此系选定官生，不准半途而废，亦不准入籍外洋，学成后不准在华洋自谋别业"，"听候总理衙门酌量器使，奏明委用"。

曾国藩以开放的眼光支持派留学生出洋，虽然遭到守旧派抵制，收效甚微，但是学习西方、开放教育，得以成为近代中国教育发展的方向，曾国藩是有贡献的。意外的是，就在这一年（1872）3月1日，曾国藩发脚麻之症，舌头迟钝，不能言语，在家养治11天，病情愈发严重，于3月12日逝世。清廷闻讣，满朝悲恸，辍朝3日，追赠其太傅，谥号文正公。同年7月19日，归葬长沙。次年12月13日，改葬于善化县（今望城区）伏龙山，与夫人欧阳氏合葬。得到曾国藩重用的容闳评价道："曾文正者，于余有知己之感，而其识量能力，足以谋中国进化者也。"又说："曾文正公为中国历史上最著名人物，同辈莫不奉为泰山北斗……其正直廉洁忠诚诸德，皆足为后人模范。故其身虽逝，而名足千古。其才大而谦，气宏而凝，可谓完全之真君子，而为清代第一流人物，亦旧教育中之特产人物。"（容闳：《西学东渐记》）萧一山在他所著的《清代通史》中对曾国藩的评价是："国藩相清之动机，一曰保天下，二曰保人民，三曰保中国。"赞誉之情，无以复加。

洋务运动首领——左宗棠

左宗棠（1812—1885），字季高，湖南湘阴人。晚清军政重臣，湘军统帅之一，洋务派的重要首领。左宗棠以举人身份从军立功，历任闽浙总督、陕甘总督、两江总督，赐太傅东阁大学士，封一等恪靖伯，赐二等恪靖侯，卒谥号文襄，为同治中兴四大名臣之一，中国近代杰出的爱国将领，洋务活动家。

对于左宗棠一生经历，《清史稿·左宗棠传》有其比较客观的评价。左宗棠40岁以前并不得志，《清史稿》记载："（左宗棠）三试礼部不第，遂绝意仕进，究心舆地、兵法。喜为壮语惊众，名在公卿间。尝以诸葛亮自比，人目其狂也。

左宗棠

胡林翼称之,谓横览九州,更无才出其右者。年且四十,顾谓所亲曰:'非梦卜复求,殆无幸矣!'"但是,他中年出山,终不负平生。《清史稿》还记载:"宗棠事功著矣,其志行忠介,亦有过人。廉不言贫,勤不言劳。待将士以诚信相感。善于治民,每克一地,招徕抚绥,众至如归。论者谓宗棠有霸才,而治民则以王道行之,信哉!"

1.遇贵人展现军事才能

湖南湘阴左氏家族,在南宋时期从江西迁到湖南,世代居住在湘阴东乡左家塅。清嘉庆十七年十月初七(1812年11月10日),左宗棠出生,得字季高,又号朴存。4岁随祖父启蒙读书。5岁时,祖父和父亲迁到长沙贡院东街的左氏祠堂,开馆授徒。父亲左观澜因自己功名不遂,对三个儿子教育甚严。左宗棠的两个兄长都先后考中秀才。二哥宗植在道光六年(1826)进京参加朝考,列二等,被选为湖南新化县训导。左宗棠少年读书时不拘泥于科举八股之书,而是喜读经世致用之书。读书期间,得读三部影响他后半生的著作:清初顾祖禹的《读史方舆纪要》、顾炎武的《天下郡国利病书》和魏源的《圣武记》。《读史方舆纪要》是记述中国历史地理的笔记,《天下郡国利病书》是介绍中国分省地理学的著作。左宗棠喜欢里面对山川险要和战守机宜的讲述。他曾评论顾炎武的书说："顾氏之书，考据颇多疏略，议论亦间欠酌，然熟于古今存败之迹，彼此之势。魏氏源谓其多言取而罕言守，言攻而不言防，乃抢攘策士之谈，此论甚谬。大凡山川形势，随时势为转移。至于取守攻防，则易地可通也。"（转引自罗正钧：《左宗棠年谱》，岳麓书社1982年版）历史地理著作有助于培养他的战略意识，这对他后来成为著名军事家起到了重要的作用。而对于沉湎于八股的士子们对他的嘲笑，他毫不介意，所谓"士人但知有举业，见吾好此等书，莫不窃笑，以为无所用之"。

魏源的《圣武记》道光二十四年（1844）才出版，左宗棠对该书所论清初武功多加赞赏。但是，对他影响最大的，并不是魏源，而是曾任江苏布政使的贺长龄。贺长龄与江苏巡抚陶澍（湖南安化人）共事，而魏源受陶澍之托与贺长龄一起编纂《皇朝经世文编》，他们都是当时主张经世致用的实干家。道光十年（1830）贺长龄因丁母忧回长沙，很赏识经常来他家借书读的左宗棠。二人成忘年之交。贺长龄曾劝左宗棠："目前国家正苦缺乏人才，应志求远大，万勿苟且小就，限制了自己的前途。"次年，左宗棠就读于长沙城南书院，贺长龄的弟弟贺熙龄任山长，"其教诸生，诱之以义理经世之学，不专重制艺、贴括"。左宗棠深受这些人的影响。但因父母双亡，左宗棠不能负担学费，不久就转入公资书院（实际是贫民子弟学校），由学校供给膳食。道光十二年（1832）四月，左宗棠以全省第十八名的成绩和名列第一名的二哥同时录取为举人。次年，二人同赴北京参加会试，结果左宗棠落榜。然其筹边报国之心依然。在当年落榜后所作《癸巳燕台杂感》的8首诗中，他一再表达了自己的抱负，其六曰："青青柳色弄春晖，花满长安昼掩扉。答策不堪宜落此，壮游虽美未如归。故园芳草无来信，横海戈船有是非。报国空惭书剑在，一时乡思入朝饥。"两年后，左宗棠再次参加会试，得湖南第十五名，无奈在发榜前，主考发现湖南取中的名额已经超过一人，而湖北缺一人，因此左宗棠的试卷被撤下，改录湖北一人。道光十八年（1838），左宗棠第三次参加考试，不幸再次落榜。大他1岁的曾国藩以三甲第三十八名录取。此次以后，左宗棠绝意科举，而其抱负并没有随科举的失意丧失，相反，他以诸葛亮自居，自号"湘上农人"，等待报国时机的来临。后来，因为朝廷见其屡建奇功，乃特封他为大学士，称号相当于"赐同进士出身"，他也算是完成了心愿。第三次落第后，左宗棠于次年回长沙，受贺熙龄之托，为当年病逝于两江总督寓所的陶澍的7岁孤子陶桄教书，此后教书8年，并在陶家饱览丰富的典籍，其学问也大长。陶澍之婿胡林翼（中兴名臣之一）如此评价："左孝廉品高学博，性至廉洁。在陶文毅公第中读本朝宪章最多，其识议亦绝异。其体察人情，通晓治体，当为近日楚材第一。"（胡林翼：《启程晴峰制军》《胡文忠公遗集》第五十四卷）

道光二十九年（1849），林则徐任云贵总督时，曾请他去帮忙，他因舍不得离开陶桄（后来左宗棠长女嫁给陶桄）而未去。林则徐返乡路过长沙时，曾约他在舟中相见，对他很赏识。这次会见很有情趣，据左宗棠记载："是晚乱流而西，维舟岳麓山下。"二人"抗谭今昔，江风吹浪，柁楼竟夕有声，与船窗人语互相响答。曙鼓欲严，始各另去"。林还向他介绍了新疆的情况，给他留下了深刻印象（后来左宗棠有收复新疆的故事）。年近40的他，认为自己年纪已大，不会有姜太公见周文王的机遇了。

机会来自道光三十年腊月（1851年初）的太平天国起义。至咸丰二年五月（1852年6月），太平军进入湖南，清廷为之震动。云南巡抚张亮基被改任湖南巡抚。在贵州做官的胡林翼向张亮基极力推荐左宗棠，说："左子季高……廉介刚方，秉性良实，忠肝义胆，与时俗迥异，其胸罗古今地图兵法、本朝国章，切实讲求，精能时务。"（孙占元著：《左宗棠评传》，南京大学出版社2011年版）以至于张亮基在赴任途中3次派人携带书信去山中请左宗棠。此时，老乡郭嵩焘也以铿锵有力的话语激励他出山。由于听林则徐说过张亮基是个"开爽敏干"的人，左宗棠遂应张之聘，于当年8月入幕。此时正值太平军猛攻长沙城墙。张亮基"一以兵事任之"。太平军进攻长沙80余日而不得，遂北上湖北。左宗棠因功而被朝廷以知县用并加同知衔。未几，又因出策镇压浏阳起义而被提升"以直隶州选用"。由此开始展现他的军事才能。

  咸丰二年（1852）年底，曾国藩由湘乡赶往长沙，准备与张亮基和左宗棠等人一起创办新式湘军。左宗棠对曾国藩留下深刻印象，说："曾涤生侍郎来此帮办团防，其人正派而肯任事，但才具稍欠开展，与仆甚相得，惜其来之迟也。"（张宏杰著：《曾国藩的正面与侧面》，岳麓书社2016年版）而后，因张亮基被调署湖广总督，左宗棠随之去武昌。咸丰三年（1853）八月，张亮基被任命为山东巡抚，左宗棠决定离开，乃于同年九月返乡。湖南巡抚骆秉章思贤若渴，多次请他出山，都被他拒绝。咸丰四年（1854）二月，太平军再次攻打湘中，左宗棠才应骆秉章之请，出山入幕。此后他在骆秉章手下做了6年的幕僚。左宗棠在湘军中不仅以屡出奇兵在战争中取胜，而且他还通过抽厘和减漕进行税收改革，不仅减轻了农民的负担，而且增加了兵饷。咸丰五年（1855），朝廷急需人才，御史宗稷辰推荐左宗棠，皇帝乃下令各督抚，命以左宗棠等加考送部引见。

咸丰六年（1856），因接济曾国藩部军饷以夺取武昌之功，左宗棠被任命为兵部郎中。咸丰八年（1858），永州总兵樊燮因贪污等事被革职，对此不服的樊燮遂于次年诬告左宗棠，说左宗棠因为负气把不向他请安的樊燮骂出衙门。他控告左宗棠为劣幕。据薛福成记载，当时咸丰帝已经下令密查，"如左宗棠果有不法情事，可即就地正法"。此案原因，一是左宗棠为人刚直，多有得罪；二是湖湘集团内部的权力斗争。在危急关头，骆秉章请郭嵩焘（时任翰林院编修）出面向军机大臣肃顺求情。郭随即通过王闿运向肃顺求援，并通过侍读学士潘祖荫出面营救。郭把问题说得很严重，他说："左君去，湖南无与支持，必至倾覆，东南大局不复可问。"

潘祖荫乃上奏说："楚南一军立功本省……所向克捷，由骆秉章调度有方，实由左宗棠运筹决胜，此天下所共见……是国家不可一日无湖南，而湖南不可一日无宗棠也。宗棠为人，负性刚直，嫉恶如仇。湖南不肖之员，不遂其私，思有以中伤之，久矣。湖广总督官文（倾轧左宗棠的新任钦差大臣）惑于浮言，未免有引绳批根之处。宗棠一在籍举人，去留无足轻重，而楚南事势关系尤大，不得不为国家惜此才。"（唐浩明著：《曾国藩》，春风文艺出版社2009年版）同时，肃顺、骆秉章和胡林翼等相继出面向咸丰皇帝求情。由于许多要员的劝阻,加之官文也知道了中央有人保左宗棠而不敢轻举妄动,此案竟不了了之。而案子还没结束时,左宗棠深感官场险恶,遂决定引退。正好利用恩科会试的机会离开湖南。咸丰九年十二月(1860年1月)他从骆秉章处请辞,后者因此案受牵连不久也调抚四川。

不过经过这一折腾,并无多大功名的左宗棠反而引起了朝廷的兴趣。例如,咸丰八年腊月(1859年1月),郭嵩焘在被召见时,被皇上询问及左宗棠的情况。其问答如下:

问曰:汝可识左宗棠?

曰:自小相识。

上曰:自然有书信来往?

曰:有信来往。

曰:汝寄左宗棠书可以吾意谕知,当出为我办事。左宗棠所以不肯出,系何原故?想系功名心淡?

曰:左宗棠亦自度赋性刚直,不能与世合。在湖南办事,与抚臣骆秉章性情契合,彼此亦不肯相离。

上曰:左宗棠才干怎样?

曰:左宗棠才极大,料事明白,无不了之事,人品尤极端正。

曰:左宗棠多少岁?

曰：四十七岁。

上曰：再过两年五十岁，精力衰矣。趁此年力尚强，可以一出任事也。莫自糟蹋，须得劝一劝他。

曰：臣也曾劝过。他只因性刚不能随同，故不敢出。数年来却日日在省办事，现在湖南四路征剿，贵州、广西筹兵筹饷，多系左宗棠之力。

上曰：闻渠意想会试。

曰：有此语。

曰：左宗棠何必以进士为荣！文章报国与建功立业所得孰多？他有如许才，也须一出办事方好。

曰：左宗棠为人是豪杰，每言及天下事，感激奋发。皇上天恩如能用他，他亦万无不出之理。

（徐志频著：《左宗棠：帝国最后的"鹰派"》，中国青年出版社2014年版）

由此可见，后来左宗棠被委以重任，一方面与同僚、同乡的推荐分不开；另一方面，朝廷也是用人之时，颇有不拘一格的做派。

2. 造船设厂，创建福州船政局

左宗棠在镇压太平天国农民军中得到朝廷赏识，后来在筹建海军、创建福州船政局等方面，更是不遗余力。我们知道,清朝的旧式海军叫"水师",使用的是旧式船只,装备落后,不能抵挡外国的铁甲兵轮。为了"自强""御侮",洋务派开始筹建近代化的海军和海防。1866年,清朝廷在闽浙总督左宗棠的建议下,创设福州船政局,用以制造和修理水师武器装备。福州船政局设在闽江马尾山下,故亦名"马尾船政局"。力图建立起中国近代史上的新式海军,机器和材料由法国购来。

左宗棠创办海军的举动来自他先进的海防观念。此前的林则徐和魏源曾经因在战争中体会到敌人从海上侵扰所带来的压力,都有建立海军的主张,但是都没有机会实践。左宗棠是最早把海防观念用于实践的将领。

设厂造船,左宗棠酝酿较早。早在同治三年(1864),他就在杭州制成一艘小轮船,"试之西湖,行驶不速"。并邀请法将德克碑和税务司日意格参观。后来,两人为他的造船提供了许多帮助。同治五年(1866),他在镇压了太平军余部以后,着手筹建船厂。同治五年(1866)五月,他在《拟购机器雇洋匠试造轮船先陈大概情形折》中,奏称建立海军的重要性,他说:"国家建都于燕(北京),津(天津)实为要镇,自海上用兵以来,泰西各国火轮兵船直达天津,藩篱竟同虚设。"(《左文襄公全集·奏稿》第十八卷)以西洋各国和近邻日本而言："西洋各国与俄罗斯、咪利坚（美国），数十年来讲求轮船之制，互相师法，制作日精。东洋日本始购轮船，拆视仿造未成，近乃遣人赴英吉利（英国）学其文字，究其象数，为仿制轮船张本，不数年后，东洋轮船亦必有成。独中国因频年军务繁兴，无暇议及。""彼此同以大海为利，彼有所挟，我独无之。譬犹渡河，人操舟而我结筏；譬犹使马，人跨骏而我骑驴，可乎？""若纵横海上，彼有轮船，我尚无之，形无与格，势无与禁，将若之何？微臣所为鳃鳃拟习造轮船兼习驾驶，怀之三年，乃有此请也。"

由上可见左宗棠造船的目的：一是中国必须认识到海上防卫的重要性；二是中国之所以必须重视造船，是因为世界各国包括日本都在加强海军建设。这种忧患意识，是左宗棠提出造船的思想来源。

他坚持不要靠"贾买"，认为自己造船可以带来长久的好处。"天下事，始有所损者，终必有所益。轮船成，则漕政兴，军政举，商民之困纾，海关之税旺，一时之费，数世之利也。"最后，他说："欲防海之害而收其利，非整理水师不可；欲整理水师，非设局监造轮船不可。"（左宗棠：《试造船先陈大概情形折》）这表明了他坚决的态度。显然，他把建设船厂看成是富国强兵、得民惠商不可缺少的要务。

当然，对于即将面临的困难，他也是有所准备的。

他针对当时考虑到的5大困难：船厂择地之难，轮船机器购觅之难，外国师匠邀约之难，筹集巨款之难以及驾驶之难等，提出了明确的解决办法。朝廷也为左宗棠的决心感染，在上谕中称："中国自强之道，全在振奋精神破除耳目近习，讲求利用实际。该督见拟于闽省择地设厂、购买机器、募雇洋匠、试造火轮船只，实系当今应办急务。"

经清廷批准，兼任首任船政大臣的左宗棠便同法国人日意格、德克碑商订合同，2人分别为正、副监督，雇用几十名法国技师和工头，雇用工人2000人左右；并且议定自铁厂开工之日起，5年内由他们监造大小轮船16艘，并训练中国学生和工人。厂址设在福州马尾罗星塔的地方。除开铁厂和船厂之外，船政局还设立船政学堂（又称"求是堂艺局"），分前、后两堂，前堂学习法文，由法国人主持，以培养造船人才为主；后堂学习英文，由英国人主持，以培养驾驶人才为主。"招十余岁聪俊子弟，迎洋师以教之，先以语言文字，继而图书、算学，学成而后制造有人，管驾有人，轮船之事，始为一了百了。"福州船政局培养的海军人才，不仅在当时而且在几年后的民国时代都有深远影响。北洋舰队的管带中有15人是福州船政学堂毕业的。其中，在甲午战争中牺牲的有"致远"号管带邓世昌，"定远"号管带刘步蟾，"镇远"号管带林泰曾，"经远"

号管带林永升和"靖远"号管带叶祖珪等。求是堂艺局还培养了极为重要的人才，如严复、詹天佑，他们都是左宗棠倡导的向外派遣的首届留学生。

同治五年（1866）八月，左宗棠调离福建，被任命为陕甘总督，临行之前他推荐前江西巡抚沈葆桢担任船政大臣负责管理福州船政局。

福州船政局于同治八年（1869）五月成功制造出第一艘轮船，将其命名为"万年青"号，直到同治十三年（1874）正月，一共制造了15艘轮船。按照当时的合同约定，日意格及法籍工匠都要撤出原厂，船政学堂的学生接手厂务、技术，"新造诸船，俱用华人驾驶"。当然，要达到洋人完全撤离不太可能，后来船政局还是存在洋匠的，只不过数量很少，而且任期也很短。

福州船政局的建厂费用共47余万两，闽海关提供了四成，船政局每年需要的经费达60万两，闽海关每月承担5万两。同治十二年（1873）开始，经总理衙门批准，每月从茶税和沈葆桢兼办台湾防务的费用中拿出2万两作为船政局的养船经费。到同治十三年（1874）的时候，福州船政局用掉的银两高达535万余两。从光绪四年（1878）开始，闽海关无法按时拨款，福州船政局没有了经费来源，生产一度陷入困境，到光绪二十一年（1895）底，20多年仅仅制造出了20艘船，每年还不到1艘。

船政局的发展遭遇了种种困难，但是这并没有妨碍造船技术的进步。建厂之初，工厂只能制造150马力以下的木壳船，光绪十三年（1887）的时候，他们制造出第一艘铁甲船，轮机也不再是旧式单机，而是发展为复合机，马力从150匹增加到2400匹，这是近代造船业的重大发展。从同治五年（1866）建厂算起，到光绪二十七年（1901），福州船政局共制造船只40艘，1/3的南洋水师兵舰、2/5的北洋水师以及所有的福建水师均采用了他们的装备。尤其是后期船政局制造的船只，其质量与从外国进口的一般无二，受到中外人士的颇多赞誉。

左宗棠造船的目的，在振兴国力，报仇雪耻。"万年青"号建成时，他闻讯给沈葆桢写信说："今船局、艺堂既有明效，以中国聪明才力兼收其长，不越十年，海上气象一新，鸦片之患可除，国耻足以振矣！"

光绪十年（1884）五月，法国派出了12艘军舰进攻福州马尾港，当地百姓和水师义愤填膺，发誓要与侵略者抗争到底。但是慈禧下旨不允许开炮，所以闽浙总督何璟、船政大臣何如璋、钦差大臣张佩纶、福建巡抚张兆栋都采取"避战求和"的妥协政策。七月，法国舰队突袭清军水师，中法马江海战正式爆发，此次战役，福建水师损失惨重，虽击伤、击毙若干侵略者，击退5艘法国军舰，但是仅仅半小时，清政府就损失了军舰11艘、帆船19艘、其他船只若干，而且牺牲的水师官兵高达796名。

至此，左宗棠创办的福州船政局彻底衰败，他的心血被毁于一旦，光绪二十七年（1901），在多重问题的积压下，福州船政局因管理不善导致经费透支，最终被迫停办。

3. 出任钦差，安定西北收复新疆

19世纪60年代，陕、甘地区的回民起义声势浩大，受此影响，新疆的回民也开始响应并占领了汉城（今疏勒）。此时，外国的侵略者中，俄国在同治三年（1864）割占我国西部44万平方千米的领土之后，又妄想侵占新疆的帕米尔地区，新疆是我国西部的门户，帕米尔不仅是西部边疆的天然屏障，更是连接中亚与印度南亚次大陆的桥梁，一旦占领了新疆的帕米尔地区，侵略者想要入侵西藏简直轻而易举，而英国又试图从印度北上侵略西藏。俄国与英国在争夺亚洲霸权地位的战争中，不断扩张领土是他们增加实力的手段。

南疆地区的封建主司迪克、回族起义军首领金相印一直想要攻克汉城（"汉城"与"满城""回城"相对应，是当地驻防的八旗绿营兵丁在各城附近修筑的

规模略小的城堡,是供汉、满、蒙官员及旗人居住的地方),长时间的无效进攻,令他们很焦虑。同治二年(1863)九月,他们竟然转头求助中亚的浩罕汗国(今乌兹别克斯坦境内)。同治三年(1864),在英国的支持下,浩罕汗王派遣军事头领帕夏(高级官员)阿古柏率军侵入新疆地区,为了复仇,他还将逃亡浩罕的前和卓张格尔之子布素鲁克遣回,阿古柏趁此机会消灭了南疆的众多地方势力,手段极其残暴,"尽有南路八城"(据曾毓瑜:《西征纪略》,载《回民起义》第3册,上海神州国光社1952年版),撤掉金相印,自己取而代之。同治六年(1867),阿古柏公然建立"哲德沙尔汗国"(即"七城汗国"),自称"毕条勒特汗"(意为"幸福人之汗");同治九年(1870),在占领乌鲁木齐、吐鲁番盆地之后,阿古柏在天山南北建立起一个入侵者的封建专制政权。

英国和俄国原本就在争夺新疆领土,此时新疆内部的动乱和阿古柏的侵略,正好为他们提供了机会。俄国为了防止英国北上从印度进入新疆,英国为了遏制俄国南下插手印度,两方势力都转向阿古柏,想要通过支持阿古柏进而控制政权以此来牵制彼此的势力,最终为进攻新疆提供便利。

早在同治五年(1866),阿古柏侵略者到达天山时,俄国就主动提出过"互不干涉"的协议,不过后来,俄国看到阿古柏的军队对整个新疆地区的野心，担心自己在新疆的权益受损，于是同治十年（1871）阳历7月4日，俄国以"维持边境安宁"的名义，在阿古柏之前抢占先机攻下了伊犁，并对外宣称伊犁永远受俄国监管，还想要继续占领乌鲁木齐。英国看到俄国的势力已经进入南疆，对这种局面分外担心，同治六年（1867）左右，英国多次派人去南疆，将商品和军火输入阿古柏占领的新疆地区。最终在同治七年（1868）年底，英国派人会见阿古柏，两方开始了相互勾结侵略我国新疆地区的阴谋。阿古柏显然对英国更为亲近，他说："女王就和太阳一样，在她的温和的阳光里像我这样可怜的人才能够很好地滋长繁荣。"与此同时，英国、俄国为了彼此的利益，在彼得堡商议后划分了双方在中亚的势力范围，其中包含对新疆的阴谋界定。英国在同治九年（1870）正式派遣使团到喀什噶尔（今喀什），开始和阿古柏交易，秘密提供大量军事教官及武器。

阿古柏在英国的支持下开始疯狂进攻新疆，不久就占领新疆绝大部分地区，成为新疆的主人。俄国面对这种情形，便加强了同阿古柏的联系，同治十一年（1872）俄国和阿古柏签订了"俄阿条约"，条约规定俄国承认阿古柏政权为"洪福汗国"，"洪福汗国"便给予俄国控制区内贸易权。不甘落后的英国第二年就通过土耳其苏丹封阿古柏为"艾米尔"(统治者),同治十三年(1874)还派出300人的使团带着女王的亲笔信与阿古柏签订了通商条约。条约中,英国政府承认阿古柏政权,阿古柏允许英国在他们的区域享有通商、驻使、租地等特权。于是,阿古柏成了英国和俄国侵略中国的罪恶工具。

光绪元年(1875)四月,左宗棠受命收复新疆,坐镇兰州。他仔细勘察了新疆敌情和地理特点,决定运用"先北后南""缓进急战"的战略方针。与此同时,他还注意改善武器装备,积极筹备粮饷运往前方,整顿军队,还组编了一支六七万人的作战部队,委刘锦棠总理行营营务,命其加紧进行战争准备,并派先头部队开赴哈密等地。

进军西北,首要问题是后勤保障,而筹粮、筹饷和物资转运是重中之重。所谓"粮、运两事,为西北厢兵要着"(《左文襄公全集·奏稿》第四十三卷)。左宗棠建议在归化(呼和浩特)和肃州(酒泉)分别设立北局和南局,负责南、北两路的粮食补给。西征军6万—7万人,每年军费支出约800万两,光绪元年(1875)实际收到的各省协饷只有500万两。为此,他急得命令胡雪岩向英国怡和洋行借款300万两。光绪元年(1875)十二月,数以万计的出关大军调集凉州(今武威市),朝廷派送的粮饷还不及往常的一半,而各个省对朝廷的紧催又以"事不关己"的态度对待。解决出关大军的粮饷是紧急的大事，无奈之下，左宗棠只得奏请两江总督兼南洋通商大臣沈葆桢代借洋款1000万两白银，但是沈葆桢以各种理由拒绝。次年二月，左宗棠上书朝廷，驳斥沈葆桢，提出若是沈葆桢仍然反对，将改为向上海华商筹借，沈葆桢便有不可推卸的代办之责。左宗棠的上书得到了清政府的批准，可自行筹借洋款500万两，调拨"户部库存"200万两，"各省应解西征协饷三百万两，以足一千万两之数"（《左宗棠全集》，奏稿，第六册）。左宗棠"感激涕零""不能自已"。1878年，左宗棠第三次借洋款350万两。重息借洋债，左宗棠自称"其无耻也，臣之罪也"。由此可见，当时左宗棠面对中国国防窘迫之境的无奈。

　　光绪二年（1876）三月，湘军刘锦棠部接受左宗棠任命，以先锋之名兵分三路进入新疆。左宗棠根据形势决定先灭阿古柏匪帮，再解决伊犁问题。"先北后南，先打弱敌"是剿灭阿古柏匪帮的战略，由于新疆地域广阔，地形复杂，再加上交通不便、粮饷运输不便的情况，制定了"缓进急战""速决制胜"的战略战术原则。

　　收复新疆的战役分三个阶段：

　　第一阶段：收复北疆。刘锦棠、金顺二部清军于光绪二年（1876）阳历8月上旬从阜康出发，向目的地乌鲁木齐北面重地古牧地（今米泉）进军。他们制定了声东击西的战略迫近目的地，出其不意地改走敌军虽防守严密但水源充足的小道，有意避开供水困难的大道。很快，他们便将敌军外围据点清扫完毕，接着用大炮轰开城墙，顺利冲入城内，歼灭敌军5000多人，于18日成功收复乌鲁木齐。白彦虎、马人得等仓皇南逃。后为防范阿古柏军北犯，刘锦棠部奉左宗棠之命驻守乌鲁木齐；金顺奉命率军西进；左宗棠则继续清剿余下残敌。昌吉、呼图壁以及玛纳斯北城的敌军听说清军快要进攻至此，吓得连夜溃逃。9月初，金顺部攻了一个多月也没有将玛纳斯南城攻克，后等到刘锦棠、伊犁将军荣全的增援，于11月6日攻破该城。至此，天山北路被阿古柏军侵占的土地全部如数收复。当时已经到了寒冷的冬季，大雪封山，刘锦棠等便在此地驻扎下来，筹粮整军，等待来年继续进军南疆。

阿古柏政权面临灭亡时，英国出面调停。英国不愿阿古柏政权灭亡，而丢失其在新疆的既得利益，千方百计地阻止清军前进。在外交上，胁迫清政府签订《烟台条约》的同时，出面调停，拟把阿古柏政权作为属国政权与中国交往。左宗棠收到来自英国经总理衙门转交的建议书后，这样回应英方：英人若要为阿古柏立国，"则割英地与之，或即割印度与之可也，仍乃索我腴地以市恩"（《左文襄公全集·奏稿》第51卷第18

页），以此表示坚决收复新疆的决心。俄国为了谋取在新疆的多种利益，积极发展与阿古柏政权的非法关系，于1876年1月胁迫其签订《俄阿边界条约》，想趁机将中国西北部大片领土划入俄国领土，以便日后强迫清政府承认既定的事实。阿古柏在达坂城和吐鲁番设立两道防线，驻重兵把守，在喀喇沙尔（今焉耆）做最后的挣扎。

第二阶段：达坂—吐鲁番战役。光绪三年（1877）春夏之交，左宗棠分兵三路钳形包围吐鲁番地区：刘锦棠部从乌鲁木齐南下攻达坂；张曜部从哈密向西攻进；记名提督徐占彪部出巴里坤，与在盐池的张曜部会师，联合攻辟展、吐鲁番。刘锦棠部阳历4月19日便顺利攻破达坂城，又立即分兵一部助攻吐鲁番，4月26日，刘锦棠部又攻克托克逊。随后，张、徐二部清军先后攻克辟展、胜金台等地，吐鲁番守军白彦虎听闻慌忙逃窜，马人得率部投降。至此，经过半个月的时间，顺利取得了新疆之战的胜利。阿古柏见自己已无力抵抗，于是服毒自杀了。阿古柏之子海古拉携带其父的尸体向西逃，而其长子伯克·胡里趁机将其弟海古拉杀害了，英国赶忙扶持他在喀什噶尔称王，再次不厌其烦地玩弄"调停"手段，不断向清政府施压。

第三阶段：收复南疆。光绪三年（1877）阳历8月25日起，左宗棠下定决心收复南疆，命刘锦棠部做主力军，命张曜部为"且战且防"之军，先后长驱南进。南疆各族人民久受阿古柏压迫，纷纷配合清军南进，所以南进十分顺利。9月份，英国又一次向总理衙门提出将喀什噶尔立为中国"保护国"的三条件，遭到了左宗棠的强烈反对。清廷在左宗棠的强烈反对下，终于拒绝英国"调停"，谕令"督饬各军转战而前，力图规复，不得稍涉迟延"。10月份，刘锦棠部率领士气旺盛的西征军一路收复喀喇沙尔、库车、阿克苏、乌什等南疆东四城。而叶尔羌（今莎车）、英吉沙尔（今英吉沙）、和阗（今和田）、喀什噶尔的西四城已经形同孤立，内部混乱，此时已经降敌的前喀什噶尔守备何步云暗自谋划着反正。刘锦棠听闻此讯，立刻率领将士兵分几路前进，到12月中下旬连续攻克喀什噶尔、叶尔羌、英吉沙尔。同治十一年十二月（1873年1月），和阗也被攻克。至此，除了由沙俄侵占的伊犁外，整个新疆全部收复完毕。历时两年零一个月。

同治十年（1871）六月，沙俄已经侵占新疆伊犁一个多月。俄已经揣测到清政府无力收复新疆，曾故作姿态地向清政府表示："只以回乱未清，代为收复，权宜派兵驻守，俟关内外肃清，乌鲁木齐、玛纳斯各城克服之后，即当交还。"（《交涉志二·新疆图志》第五十四卷）这年9月，清政府命署伊犁将军荣全与沙俄交涉，沙俄再三借故推辞。1872年，沙俄虽然派遣代表会谈,却对交还中国新疆伊犁的问题故意避而不谈,还提出其他不合常理的要求,导致双方谈判失败。由于谈判失败,当年6月恭亲王奕䜣直接照会俄国驻华公使,提出沙俄交还伊犁,其他事方可从长计议,俄国公使居然提出重新修改中俄西部边界线,扩大沙俄领土,才答应归还伊犁,以此为条件来威胁清政府。

清光绪二年(1876),左宗棠率清军一进入新疆,沙俄立刻召开了特别会议,决定以获得向中国内地派出商队的特权并割占特克斯河流域和穆扎尔特山口为条件,才同意交还伊犁。

光绪四年(1878)初,阿古柏政权已经彻底灭亡,清政府命崇厚以钦差大臣的身份,赴俄谈判。俄国趁机向中方索要1亿金卢布赎回伊犁。左宗棠主张清政府应当趁战胜之威,继续进军,快速收复伊犁。左宗棠为防崇厚落入俄国圈套,特意致书崇厚,叮嘱其应要求俄国交还"伊犁全境"。光绪四年(1878)底,中俄谈判正式开始,崇厚经不住俄国的软硬兼施,未经清政府的同意,于光绪五年九月(1879年10月)在里瓦几亚擅自与俄国签订了《交收伊犁条约》及《瑷珲专条》等。条约的主要内容是:①俄国交还伊犁九城,中国割让霍尔果斯河以西、特克斯河流域及穆扎尔特山口;在喀什噶尔及塔尔巴哈台地区两国边界做有利于俄国的改动;②俄国在原四地外设领事,可在嘉峪关、哈密、吐鲁番、乌鲁木齐、古城、科布多、乌里雅苏台7处增设领事及货栈,增辟由嘉峪关经兰州、西安(或汉中)至汉口及由科布多经归化(今内蒙古呼和浩特)至天津的新商道;俄商在新疆和蒙古全境免税;③中国赔偿俄方500万卢布(约合280万两白银)。崇厚所订条约(即所谓的《里瓦几亚条约》)是一个丧权辱国的条约。签订条约的消息一经传出,全国愤然,民众群情激愤,表示"无不以一战为快"。由于左宗棠的强烈反对以及全国上下民众众多声音的反对,清政府宣布此条约"多有违训越权之处"不予批准。气急败坏的俄国立刻在我国西北边境集结12000兵力,还派舰队到远东海面示威清政府。清政府一面派驻英公使曾纪泽赴俄国索回失地,一面又在山海关、黑龙江、松花江派兵布防,并再次任命左宗棠为钦差大臣,赴新疆调兵备战。左宗棠冒着一死的决心发誓要收复伊犁,将士也受到极大感染,准备浴血奋战一场。签订丧权辱国条约的崇厚被清政府革职问罪。

在英国的调解周旋下,清朝廷答应重新谈判。于6月免除崇厚的罪责,并令曾纪泽"知照俄国"。8月将左宗棠调离新疆,开释崇厚,以促成谈判。总理衙门训令曾纪泽在对俄国做少量让步的基础上改定《里瓦几亚条约》,挽回部分主权。光绪七年(1881)阳历2月24日,终于签订了《中俄伊犁条约》和《改订陆路通商章程》。新疆问题暂告结束。

左宗棠在新条约签订的当日抵达北京,他得知条约签订的消息后,是不满意的。他说:"伊犁仅得一块荒土,各逆相庇以安,不料和议如此结局,言之腐心!"(《左文襄公全集·书牍》第二十五卷)回北京后,左宗棠被任命为军机大臣、总理衙门大臣并管理兵部事务,达到一生权力的顶峰。几个月后,他无法在京师留任,于10月28日被外放为两江总督兼南洋通商大臣。关注新疆边防的两江总督左宗棠先后五次向清政府提出新疆建省的奏议。光绪十年(1884)阳历11月,清政府接受左宗棠建议在新疆建省,任命刘锦棠为首任巡抚,此为加强国家政治建设的积极的长远策略。

4.强硬对抗,抗击列强张国威

左宗棠在南方为官期间,中法战事爆发。马尾海战后清政府向法国宣战。左宗棠以72岁高龄,请赴福建抗击法军,"其志甚坚,其行甚急"。光绪十年七月(1884年9月)中,乃被委任为钦差大臣、督办福建军务。他派恪靖各营分批渡过海峡,抵达台南,保卫台湾,又布置闽江防务。对于台湾的治理,他在次年六月提出"台湾孤注大洋,为七省门户,关系全局,请移福建巡抚驻台湾,以资镇摄"(《清史稿·左宗棠传》)。

朝廷采纳其建议,于当年十月改福建巡抚为台湾巡抚,福建巡抚事务由闽浙总督兼管,台湾设立行省,刘铭传为首任巡抚。可惜,左宗棠没有等到那一天,他于当年九月五日病逝于福州。临终前,他在遗折中说:"此次越南和战,实为中国强弱一大关键。臣督师南下,迄未大伸挞伐,张我国威,遗恨平生,不能瞑目!"豪迈耿直的左宗棠把主战的旗帜一直扛到了生命的终点。

左宗棠的主战思想以其强硬对敌、从不动摇、勇于任事、付诸行动为其鲜明特点。

主战策略的背后,是他对国家面临的危机的深刻忧虑。但是左宗棠的主战并不是一味地死打硬拼,并非就意味着毫不妥协。左宗棠在对外关系上的另一个方面,是他知道"诎以求伸"。"诎"者,屈也。没有妥协就没有外交。在哪些方面可以妥协呢?根据1858年《天津条约》的规定,10年后修约。修约前一年,总理衙门发出"致各省将军督抚修约书"和"条说",要求他们提出建设性意见。

左宗棠对此提出"所有此次修约,有可迁就者,有不可迁就者"。对于外国使节"请觐"和"遣使"出洋,他认为可以同意。外国使节觐见中国皇帝的礼仪问题一直困扰中外关系。由于长期坚持以三拜九叩之礼觐见,从英使马噶尔尼于乾隆五十八年(1793)觐见乾隆皇帝到同治初年（1862），天朝大国从来视外国使节为"贡使"，而外国一直追求中国符合国际规范的礼节。礼节的改变，意味着中国放弃传统的对外霸权思想，这对当时的朝廷而言，是非常难以接受的心理障碍。左宗棠则认为："自古帝王不能胥外国而臣之，于是又钧敌之国，既许其钧敌矣，自不必以中国礼法苛之，强其从我。泰西各国与中国远隔重洋，本非属国。"他认识到1816年英国阿美士德使团因为拒绝行三拜九叩之礼而被驱逐出境，实际上为英国发动鸦片战争提供了借口："英人衅端实伏于此。"必须不能再给英国人这样的借口。因此，他提出："泰西诸国君臣之礼本极简略，当于无意中询之，岛人见其国主，实无跪拜之事。今既不能阻其入觐，而必令其使臣行跪拜礼，使臣未必遵依。即能如来谕酌中定制，亦似于义无取。窃思彼族以见其国主之礼入觐，在彼所争者中外钧敌，不甘以属国自居，非有他也，似不妨允其所请。"（孙占元著：《左宗棠评传》，南京大学出版社2011年版）由此可见，在非原则利益的问题上，左宗棠是很开明的。包括"遣使"的问题，也是如此。中国向来坚守"夷夏大防"，视派遣使臣出洋为伤国体之事，所以才有1868年中国第一个正式外派的使团由美国公使蒲安臣率领的奇怪事件。而第二次鸦片战争后，列强一直要求中国派出正式的常驻外交使节。左宗棠对于此事项议论道："外国于中国山川、政事、土俗、人情，靡不留心咨考，而我顾茫然；驻京公使恣意横行，而我不能加以诘责。正赖遣使一节，以调各国情伪，而戢公使之专横"，当然，派使出洋也有具体的难处，所谓"尊虑远隔重洋，择使既难，筹费不易"，但是"自海禁大开以来，江、浙、福建、广东沿海士商经历各海国者，实不乏人，其中亦有通晓各国语言文字者"，因此，可以责成各督抚及船政大臣"精为访择，必有可应命者"，"其使臣则五年一派，即从此项人才内挑派"（《左文襄公全集》，书牍，第九卷）。

至于其他妨碍中国利益的修约要求，如"铜钱""铁路""内地设行栈""内河驶轮船"和"贩盐挖煤"等问题，左宗棠认为应该拒绝。

左宗棠的"迁就"和"不迁就"的另一个界限是"守定和约"，对于已经签订的条约之外的利益，不能迁就外国。在这一点上，左宗棠和曾国藩、丁日昌、郭嵩焘等人的看法一致。对于列强，左宗棠认为他们"性贪而无厌"，但是，从前的和约，"迫于形势，不得不然"。那么，"条约既定，自无逾越之理。然若于定约之外，更议通融，恐我愈谦则彼愈亢，我愈俯则彼愈仰，无所底极。惟有遇事守定条约，礼以行之，逊以出之，冀相安无事而已"（孙占元著：《左宗棠评传》，南京大学出版社2011年版）。

不得不采取这种策略的原因,在于中外力量对比失衡。这是一种务实的态度,也是他主战之外更具冷静的一面。他说:"我国家当多难之余,如大病乍苏,不禁客感也。"所以,应该学习古人,"越勾践于吴,先屈意下之;汉文之于南粤,卑词畏之",这一切都是为了"反弱为强,诎(屈)以求伸",所谓"图自强者必不轻试其锋,不其然乎"?这些话是他于同治十年(1871)所说。后来20年,他收复新疆,积极抗法,又体现出强硬外交的本质。晚清巨人中,能将"屈伸"二字付诸实践并取得巨大成功的,唯左宗棠一人。

光绪八年(1882),中法战争爆发之初,左宗棠坚决主战,但是他改变不了清政府一贯妥协的态度,清政府任命他为两江总督兼南洋通商大臣,将其调离北京,直到光绪十年(1884)五月,将他再次征召入京,重新任命为军机大臣,这时,法国舰队在中法战争中击溃福建水师,左宗棠便奉命督办福建军务。他在十月到达福州之后,着力加强海防,并组建了"恪靖援台军"前往台湾。光绪十一年(1885),左宗棠在福州因病去世,有《楚军营制》(附条规)、《左文襄公全集》流传于世。

对于左宗棠来说,不可否认他的主战思想的出发点是为维护封建清王朝。面对列强入侵的危机,他所担心的,是一再地退让,会导致最终"国体"的毁灭。

他在担任浙江巡抚和闽浙总督期间,曾致函总理衙门,直呼"欲存国体,必难尽协夷情,计惟有勉图自强之方",即不能完全满足列强的所有要求。在"借师助剿"期间,他也是主张不要为了解决燃眉之急而被洋人势力渗透。他说:"我不求彼之助,彼无可居之功,尚可相妥以处,否则衅端日积,何以善其后乎?"与这种意识一脉相承的,是他主张自己修造轮船、自己打造枪炮的自强思想。为了维护封建清王朝的统治,他也曾无情地镇压过太平天国运动和农民起义。但同样不可否认,左宗棠曾为民族存亡和中国的近代化建设作出巨大贡献,是晚清时期一个有重大历史影响力的伟大人物。

中国实业之父——盛宣怀

盛宣怀（1844—1916），字杏荪，又字幼勖、荇生等，号次沂，晚年自号止叟，出生于江苏常州，原籍江阴，清末洋务派代表人物，著名政治活动家、企业家和慈善家，在中国近代工业发展史上占有重要地位，被誉为"中国实业之父"和"中国商父"。他还创办了上海交通大学（前身为南洋公馆）、天津大学。

盛宣怀创造了11项"中国第一"：第一个电报局——中国电报总局；第一个钢铁联合企业——汉冶萍公司；第一条铁路干线——京汉铁路；第一个民用股份制企业——轮船招商局；第一个内河小火轮公司；第一个勘矿公司；第一

盛宣怀

家银行——中国通商银行；第一所高等师范学堂——南洋公学（交通大学）；第一所近代大学——北洋大学堂（天津大学）；第一座公共图书馆；创办了中国红十字会。

1. 争利权创办轮船招商局

盛宣怀自同治十一年（1872）参与创办轮船招商局，到1916年逝世于招商局股东董事会副会长任上，经营轮船招商局前后绵延达40年之久。

同治十一年（1872），盛宣怀在草拟的《轮船章程》中，谈到他创办轮船运输的一些想法："伏思火轮船自入中国以来，天下商民称便，以是知火轮船为中国必不能废之物。与其听中国之利权全让外人，不如藩篱自固……今人于古人尚不甘相让，何夷狄之智足多哉！"这也就是说，首先，使用先进的轮船运输客货是中国社会发展的客观需要；其次，中国应该自办船运，从外人手中夺回利权；第三，外人能办好船运，中国人也一定能办好。他提出"筹国计必先顾商情"的经营原则，认为只有照顾到"商"的利益，轮船航运才可能办成功，主张以民营资本由民间办轮船公司，也即商本商办轮局。自此，与洋商争利权和商本商办企业成为盛宣怀创办与经营近代工业企业的指导思想。

盛宣怀商本商办轮局的主张，因与负责筹建轮船局的朱其昂招徕商资归并商局官办的主张不一致而被否定。但这个主张却得到李鸿章的首肯。同治十二年（1873）初，官办轮船公局成立，七月即因无法维持改为商办,盛宣怀又第二次接受李鸿章"饬议章程"之命，拟定"委任宜专""商本宜充""公司宜立""轮船宜先后分领""租价宜酬定""海运宜分与装运"等章程6款。他指出要办好近代航运事业：要抓紧成立商办的招商局，管理相关业务；商局应刊发章程，仿外国洋行招集商股并由商来经营；官府非但不得赖轮运搭客搭货之便占商局便宜，而为加强商局与外人的竞争能力，应大力扶持商局。如每年以40万担漕粮交商局船装运等。由于年仅28岁的盛宣怀在轮船局招股集资方面还缺乏威信，李鸿章便委当时已是著名的买办商人、办企业颇有经验的唐廷枢为轮船招商局总办。盛宣怀被李鸿章委为兼管漕运、揽载的会办。

同治十二年至光绪八年（1873—1882）是盛宣怀任轮船招商局会办时期。虽然招商局总办是唐廷枢，但由于盛宣怀兼管漕运、揽载二事的特殊身份，在招商局内负有重要责任。这一时期,盛宣怀参与了买并"旗昌"船产和严格按赢利原则整顿招商局的工作。

美国旗昌轮船公司成立于同治元年（1862),历史久、实力强。它借招商局开办不久、股本不足之机，竭力降低水脚运费，倾挤招商局，以"遂其垄断之心"。但在招商局坚决与之竞争后,"旗昌""暗亏已重","故有归并之议",决定出售船产。当时"旗昌"所开之售价为200万两,招商局全部财产只有10万两,力量悬殊。为了增强招商局实力,发展民族航运业,加强与其他洋轮的竞争,盛宣怀在与唐廷枢、徐润等有关局内重要人物商议之后,请准于两江总督沈葆桢,于光绪三年(1877)和"旗昌"订约购买其船产。买并"旗昌",使招商局实力大为增强,轮船增加18艘,行栈码头增加6处。

轮船招商局在开办之初,谈不上科学的管理,归并"旗昌"之后,问题更加增多。光绪四年(1878)年初,盛宣怀就针对招商局存在的问题进行整顿,提出意见8条:"船旧应将保险利息摊折""商股应推广招徕""息项应尽数均摊""员董应轮流驻局经理""员董应酌量提给薪水""总账应由驻局各员综核盖戳"等,这些意见多数被招商局采用,成为局章。接着,盛宣怀又针对赫德所拟《整顿招商局条陈》,找出招商局船旧、所雇洋人薪金太高、浪费太大、任用私人等弊端,采取了任人唯贤、降低成本、提高生产效率、加强竞争力等治理措施,扭转了招商局的不利局面,抵制了赫德借招商局的弊病与整顿招商局的机会,使洋人控制招商局的企图。光绪八年(1882),盛宣怀因与唐廷枢、徐润等争权并"坚请督办"职未成,反因王先谦等人的弹劾风波而离开了招商局。

总揽招商局大权的徐润,因上海出现的金融倒账风潮而亏欠了招商局巨款,李鸿章派盛宣怀到招商局查处整顿。盛宣怀乘机挤走了过去一直与他意见不合的徐润,于光绪十一年(1885)得任督办一职。这一时期,盛宣怀重新整顿招商局,与英国"怡和""太古"轮船公司角力获胜,迅速发展内河小火轮航运,与袁世凯欲将招商局夺归北洋控制的企图进行了斗争。

盛宣怀一当督办,即面临因光绪十年(1884)受中法战争影响将招商局船产售与旗昌洋行后如何赎回的问题。赎回"旗昌"手中的局船需巨款,而当时"局款一空如洗,官商无可筹挪"。盛宣怀因此禀明李鸿章向"汇丰"借款30万镑。但招商局船产售与"旗昌"时,"有杜卖明契,未立买回密约,该洋行将其据为己有"。最后,盛宣怀花了大力气,费尽唇舌,才"悉照原价收回"。早在从"旗昌"收回船产前,盛宣怀就对旧局进行清理,处理旧局过去的烂账,"简括稽其实欠之数""界限划清,昭彰众目",并拟定《招商局理财十条》等规定,使招商局今后能尽可能按赢利原则经营。从"旗昌"收回船产后,盛宣怀又求助于李鸿章以取得官方对招商局的帮助和维持。李鸿章即采取减免漕运空回船税;减免茶税,使招商局借得水脚,他船不得揽载;增加运漕水脚;缓拨官本等措施,来帮助招商局恢复经济力量。

同时,盛宣怀又对招商局的洋技术员进行整顿,使他们各负其责但又坚持自主权。结果不仅工作效率提高,而且"洋薪岁少万金"。这一系列措施,使招商局从不利状况中得到恢复、发展,使得"汇丰"企图利用借款从而在一定程度上控制招商局的目的未能达到,招商局还蓄积了力量与"怡和""太古"继续进行竞争。

当招商局在盛宣怀的整顿下得到恢复和发展,每股面值100两的股票,在市场上从光绪十年(1884)的50两很快恢复到100两至200两之间时,"怡和""太古"轮船公司自光绪十六年(1890)第二次齐价合同届满时,又复跌价相争,企图挤垮招商局。盛宣怀凭着在与洋商竞争中得出的经验说:"彼原系谋利而来,若肯以已得之利,不患折阅,与我争衡,是亦我国商贾之利。英人少获一两,我国商贾即少出一两。"洋商既然是为谋利而来,就不可能长期跌价争揽,致使血本大亏。他依靠帮办郑观应的协助,团结局员,采取两大措施,与"怡和""太古"进行针锋相对的斗争。一是在坚持自己利益的前提下,利用"怡和""太古"之间的矛盾各个击破,但始终提高警惕,不放弃斗争。二是提高招商局本身的竞争能力,其主要方法是:想方设法招揽客货,改善经营;通过李鸿章争取国家帮助津贴;以争胜"怡和""太古"作为对局员的考成标准等。即以实力作后盾,以斗争求和谈,最终迫使"怡和""太古"妥协，于光绪十九年（1893）三月与招商局签订了第三次齐价合同。

盛宣怀督办招商局不久，于光绪十二年（1886）六月任山东登莱青道兼烟台东海关监督，这时他又着手筹办内河小火轮航运业。为什么要发展内河航运业？同年他上条陈于北洋和两广总督说："年来外国富强，无不自通商始。口岸通商人与我共之，内地通商我自主之。故欲求中国富强，莫如一变而至火轮，设一内地快船公司，与招商局相为表里，以兴中国内地自有之商务，而收中国内地自有之利权。"（《内地设轮船公司议》）他把发展内河航运业，与从外商手中夺回利权、谋求国家的富强直接联系起来。他批驳了那些以为发展内河航运会"导洋人内窜"和"令民船日废"的论调，指出内河航运对加速商品流通、发展国民经济的作用。很快，他得到李鸿章的支持和帮助，于第二年初在自己的辖区内依靠当地绅商，办起了内河小火轮航运公司。不久又亲拟《粤省内地江海民轮船局章八条》《台船大略章程》等，迅速在广东、福建、台湾等地推广发展了粤港渡轮公司、福建泉州漳州两郡民轮驳船公司和台湾船局等内河小火轮航运企业。

盛宣怀督办招商局，尽管他的身份似官又似商，有时以官护商，比如争取李鸿章对招商局的支持；有时又"利用官势以凌商",比如挤走商人徐润等。但他任督办期间的招商局,基本上是按照赢利原则在经营,也基本上达到了与洋商争利和维护、发展民族航运业的目的,招商局的赢利是丰厚的。

光绪二十七年(1901),袁世凯继李鸿章之后任直隶总督兼署北洋大臣,为发展自己的实力、谋取财源,就把目标对准了轮船招商局和盛宣怀于19世纪80年代开始经营的电报局,乘光绪二十八年(1902)盛宣怀因父逝而守制之机,企图将轮、电两局夺归北洋所有。当时,清廷也准备趁此机会派张翼督办轮、电两局,以便"归入户部筹饷"之用。张翼在义和团运动期间曾将开平煤矿出卖给英国,盛宣怀当然不愿把轮、电两局交到他手里,"令其再蹈开平覆辙"。盛宣怀对袁世凯将轮、电两局夺归北洋也坚决反对。轮、电两局都是商办企业,归北洋必然成为官办,而官办企业是无法长期维持的,这是盛宣怀一贯的观点。但最终袁世凯还是凭借手中的大权,于光绪二十九年(1903)春将轮、电两局夺归北洋。

袁世凯夺得招商局后,经营很不景气,盛宣怀把此时的情况同自己经营时的情况做比较说:光绪十一年(1885)他任督办时,招商局"只有华资200万两",光绪二十八年(1902)北洋夺走招商局时"所交者实值资本2000万两,已不止10倍"。"交替已逾四载,自应大有进步，但调查情形，不特无一推广，长江天津洋商轮船增添不少。而招商局轮船仍未多加，各口岸码头栈房并无一处增添，反将上海浦东码头、天津塘沽码头、南京下关码头卖出。"宣统元年（1909），盛宣怀乘袁世凯被清廷罢黜之机，依靠郑观应等人的帮助，重组招商局股东大会，盛宣怀被选为股东大会主席，将招商局夺了回来。辛亥革命中，盛宣怀成为被打击的对象，因而对招商局失去控制权，招商局一时甚为萧条。当时对招商局的处理有两种意见：一是以袁世凯的亲信杨士琦为代表，主张由袁世凯政府接收管理；一是郑观应等人主张由华商收买或包办。盛宣怀毫不犹豫地支持后者，他告诉郑观应"速立股东维持会，结大团体，重举董事"。最终由于盛宣怀和郑观应等人的努力，1913年6月重组股东大会，盛宣怀当上了股东大会董事会副会长，避免了招商局被袁世凯政府接收，使招商局能继续按照既定经商原则经营。1916年盛宣怀在副会长任上病逝。

2. 为自强开办煤铁厂矿

同治十三年（1874），李鸿章曾密谕盛宣怀："中国地面多有产煤产铁之区，饬即密禀查复。"【徐元基著：《湖北广济兴国煤矿考略》，《上海师范大学学报（哲学社会科学版）》1980第04期】光绪元年（1875）三月，盛宣怀即密札曾在台湾鸡笼（基隆）查勘煤铁的张斯桂赴湖北武汉勘查煤铁，并告诫："此举关于富强大局，幸勿诿延。"五月，盛宣怀得李鸿章委派，与汉黄德道兼汉口海关监督李明墀会同筹办湖北煤铁矿务，始将湖北广济煤矿的开采付诸实践。自此，盛宣怀在经营轮船招商局的同时，又开始创办和经营湖北煤铁矿务。

光绪元年（1875）年底，盛宣怀拟定《湖北煤厂试办章程八条》，制定了官督商办湖北煤铁的原则。他认为："此类创举，责之民力，而民无此力；责之商办，而商无此权；责之官办，而官不能积久无弊。惟有援照轮船招商局官督商办之一法，商集其费，民鸠其工，官总其成，而利则商与官、民共之。"（任荣会著：《开平寻梦》，新华出版社2008年版）又根据这一原则拟定了民、商、官三者具体的分利办法，得到李鸿章的批准。李鸿章希望盛宣怀能把湖北煤铁办成开矿典型，成功之后在全国推广。同年七月，广济煤矿设厂雇工开挖。不久，社会上传出"湖北煤厂改而归并轮局"之说。盛宣怀不愿将煤厂归并轮船局，因为当时轮局掌大权的是唐廷枢、徐润，煤厂归轮船局，自己就会大权旁落，并且煤铁矿务和船运属于两种经营性质不同的企业，煤厂归轮船局未必能办好。于是，盛宣怀成立湖北开采煤铁总局，聘英国人马立师为矿师，带人勘探开采广济、兴国煤矿和大冶铁矿等。但马立师技术拙劣，误把贫矿认为富矿，兴国煤层太薄，广济之煤不能应大冶炼铁之需。虽在半年后辞退了马立师，另聘精通矿务之学的洋矿师韩师敦重新勘查荆门煤，进行科学的核算，但已糜费不赀，官本无以为继，盛宣怀只得又禀请李鸿章，于光绪五年（1879）五月结束官办湖北开采煤铁总局，另开商办的荆门矿务总局。这之前，盛宣怀亲自于光绪三年（1877）秋至武汉上游探寻煤矿，并于光绪四年（1878）冬到大冶勘查铁矿。虽经盛宣怀等人的多方努力，荆门矿务总局终因官办煤铁总局的失败而招不到商股；又因经营不善、运输困难、成本昂贵等，于光绪七年（1881）被裁撤停办。盛宣怀赔垫钱16000余串，但并没有停步，又投入到山东、辽宁金州等地金属矿的创办和开采。

湖北煤铁开采初次尝试失败，但盛宣怀始终不忘煤铁矿务的开采和冶炼。光绪十六年（1890），他告李鸿章："现拟请一头等曾经办矿之矿师，遍勘五金及煤矿，择优钻探，核估酌办。又拟请一副手驻学堂教习地质学、石质学、锻炼、测量、绘图等学。"（《常州文史资料》：《实业活动的巅峰》）光绪十五年（1889）当听说新任湖广总督张之洞要筹办汉阳铁厂时，又电告张说："湖北煤铁，前请英矿师郭师敦勘得。如果开办，仍请原经手较易。"其意希望能让他经手创办。张之洞赴鄂途中,在上海和"勘矿首功"的盛宣怀"连甘晤谈,详加考究",盛宣怀给张之洞指点甚多。不过,后来盛宣怀因坚持商股商办汉阳铁厂与张之洞意见相左,没有参与铁厂的创办。但他仍坚持自己的正确看法:"外洋煤铁矿皆系商办。商办者必处处打算,并使货美价廉,始可以不买他国之铁,以杜漏卮。"并预测"大冶铁矿官办必致亏本"。因此当光绪二十二年(1896)被汉阳铁厂弄得"心力交困"的张之洞无力再继续办下去之时,盛宣怀考虑到:"铁政不得法,徒糜费,几为洋人得……若一推让,必归洋人。"他通过招商股从张之洞手中接办了汉阳铁厂,并委自己的得力帮手郑观应为铁厂总办,对铁厂进行了整顿。他们针对铁厂煤焦缺、市场销路不畅、人才短缺等不景气的原因,采取了相应治理措施。煤焦来源由开采江西、湖南等地煤矿来补给;销路问题则由于不久后盛宣怀担任了铁路公司督办,郑观应则兼了粤汉路董事,"轨归厂造"而得到解决;人才问题除采取自己培养之外,还对洋匠进行甄别淘汰,让其发挥积极性等,很快铁厂走上正常经营发展的道路。

盛宣怀为了一劳永逸地解决汉阳铁厂煤焦来源的问题,从光绪二十四年(1898)起大力经营萍乡煤矿,历经艰难。正如他所述:"接办伊始,两炉甫成,而无煤可用,一面忍痛购运开平焦,一面试挖萍乡煤。盖闻长江之水含硫质,产煤皆不合炼铁用,越洞庭而得萍铁(煤),始愿乃偿。初用土法,终之以机炉;初用小舟,终之以铁道。不知几费经营,克底于成。"(夏东元著:《洋务运动史》,华东师范大学出版社2009年版)光绪三十年(1904)萍乡煤矿终于告成,汉阳铁厂发展的后顾之忧——缺焦问题得到解决。光绪二十八年(1902),盛宣怀又派时任汉阳铁厂总办的李维格率洋工程师到欧洲各国学习考察炼钢之法。学成归国后,李维格等人用5年时间解决了汉阳铁厂长期存在的钢产品含磷太多、易脆裂的质量问题,终于在光绪三十三年(1907)炼出"居然媲美欧洲"的钢材。这时正值"各省兴筑铁路,经邮传部通行各省,一律购用",至此,煤焦来源、产品质量及销路都得到解决。为了降低成本,增强与洋产品的竞争力,盛宣怀又在税厘上请求清廷给予减免。经过努力,在光绪二十七年(1901)的续免税厘展限5年之后,又在光绪三十二年(1906)请准再展限10年。上述各种有利因素,使铁厂大为发展。盛宣怀此时就将10年前开始酝酿的将煤铁"合为一家"的想法上奏清廷,得清廷批准。光绪三十四年(1908)三月汉冶萍煤铁厂矿公司成立,盛宣怀由汉阳铁厂督办而出任汉冶萍公司总理。他认为汉冶萍公司成立的目的旨在便于管理,保证煤铁关系更好地协调,以及还掉"华洋债款""扩充炼铁",增强竞争能力,"以期保全中国厂矿，挽回中国权利"。汉冶萍公司的成立，对发展中国钢铁事业、铁路事业，以及对整个国民经济的发展起到了促进作用，它是当时亚洲最大的钢铁联合企业。

不过，盛宣怀在酝酿成立汉冶萍公司的过程中和公司成立后，由于资金缺乏，也因为袁世凯控制了轮船招商局、电报局，使公司得不到"挹注"，不得不向外国借款，尤其是向日本多次借款，使得公司对日本的依赖性加强，日本对公司的控制也进一步加深。尽管盛宣怀对日本企图利用借款来控制公司之事大有警觉，在公司成立前半年就对人说过："将来东人必有大志于我国。今欲保全我铁矿，惟有切实声明:我厂我矿，全系商力团结而成。隐杜觊觎，方能永保权利。"但因为这时盛宣怀已做了清廷的大官，把自己的利益与清廷日益依赖的帝国主义的利益更紧地结合在一起，虽然他仍不断地在抵制和竭力摆脱日本的控制，但最终他与日本的关系还是在加深。辛亥革命开始时，他逃往日本，受到日方的引诱，一度与日方策划过将汉冶萍公司改为中日合办。

1912年年底，盛宣怀又回到上海，他在与袁世凯为争夺轮、电二局继续进行斗争的同时，也着手汉冶萍公司的恢复和经营。孙中山主张大力举办铁路，盛宣怀认为"铁路打算要大举，钢铁厂断无轻忽之理"。

还在日本时,他就向孙中山建议:"钢铁关系自强,需本甚巨。华商心有余而力不足,恐非政府与商民合办不能从速恢张,以与欧美抗衡也。"(《常州文史资料》:《以实业家身份走完人生之中路》)从这个思想出发,在1913年3月其被汉冶萍公司特别股东大会选为总理和董事会会长以后的几年中,盛宣怀力主自办汉冶萍公司,反对袁世凯政府的中外合办钢铁之议。尤其是1915年,当日本向袁世凯政府提出的"二十一条"中要求汉冶萍公司中日合办时,盛宣怀更是表示坚决反对。从湖北开采煤铁总局到汉冶萍煤铁厂矿公司期间,盛宣怀尽管表现了对日本的妥协性,尽管他创办与经营它们不乏增强自己的实力和权力的目的,但他自始至终从发展维护民族经济的立场出发,并按照经商原则来经营和维护它们,表现了一个实业家的家国情怀。

3. 把电报局和纺织厂办成民族企业

盛宣怀在办实业的过程中,认识到电线电报对商业企业的作用。光绪五年(1879)十月,他即对李鸿章说:"预谋富强,莫不先于两大端。即铁路、电报。铁路事体大,宜稍缓办,电报为国防要务,利于用兵调度和联络,非急起图功不可。"因此,光绪六年(1880)

盛宣怀就向李鸿章提出设立津沪电线的建议,其目的在"通南北两洋之气,遏洋线进内之机"(参见盛宣怀著:《电线设立情形》),以及为商业企业服务。光绪七年(1881),他在所拟的《电报局招股章程》中更明确地表述了这一思想:"中国兴造电线,固以传递军报为第一要务,而其本则尤在厚利商民,力图久计。"其建议得到李鸿章批准。同年秋开始津沪电线的架设,并在天津设立电报总局,盛宣怀自任总办,聘郑观应为上海分局总办。冬,又经李鸿章同意,在天津电报总局设电报学堂,由丹麦招聘洋技师来华教习电学打报,培养自己的电讯人才。同一年,详定《开办自津至沪设立陆路电线大略章程二十条》。光绪七年(1881)冬,津沪陆线完工,盛宣怀又通过李鸿章,奏请将官办电报总局改为官督商办,并拟《电报局招商章程》。李鸿章奏派盛宣怀为电报局督办。

为了办好电报局,盛宣怀采取了以下措施:①确定官与商的关系,即电线"未成之先,官为垫款创始;既成之后,复官为筹款经理;及其推行尽利,亦官为拨救教习保护"。希望新生的电讯事业能在政府的维持下发展。②排除封建官衙对电报局的干扰。规定除军机处、总理衙门、各省督抚衙门、各国出使大臣所寄洋务军务电信,区别对待地记账结总作为归还官款外,其他所有各省官府电信一律收取现金,并且要先付款后发电。电报局内部的管理，一概按经商原则，"官"不得干预。③培养电讯人才。原定的只办一年的天津电报学堂，因架设京、沪、浙、闽等线再延办2年。为了减少办学阻力，免去用商资办学的负担，并提高学堂在社会上的地位，以开风气，盛宣怀又禀请李鸿章，"电报学堂经费准免在商本内归还"，即由政府出钱办学等。通过这些，电报局得以正常发展。

完成津沪电线各项事宜后，光绪八年（1882），盛宣怀接办苏、浙、闽、粤等省陆线；光绪九年（1883）设长江线；光绪十年至十一年（1884—1885），因为"海防吃紧"，办济南至烟台线，后又加至威海、刘公岛等地；光绪十三年（1887），由山东济宁设线至开封；光绪十四年（1888），因为广东官线已经造至南雄，而商线以江西九江为开端至赣州以达大庾岭入南雄相接；光绪十五年（1889），因东三省边防需求，由奉天（今沈阳）接展吉林到珲春陆线；光绪十六年（1890），设从沙市达襄阳线；光绪十九年（1893），接襄阳设线至老河口；光绪二十一年（1895），又以西安为起点设置与老河口相接线；光绪二十二年（1896），设武昌至长沙线；光绪二十四年（1898），设长沙至湘潭、醴陵、萍乡线；三年后，又设潼关至正定线等。以上是商局所设。另外，从光绪八年（1882）起，盛宣怀还主持设立西北、东北、西南以及朝鲜等处30%的官局电线。这些电线的设立，从经费的筹措、电讯器材设备的购买、洋工程师的招聘等,几乎都是盛宣怀亲手主持的。光绪十三年(1887)他还主持了电报局与丹麦"大北"、英国"大东"电报公司三家电报齐价合同的订立。

盛宣怀在主持全国各地设立电线的同时,19世纪80年代中期,还主持了与"大北""大东"公司在中国设立海线和陆线违约上岸及美国请设德律风(telephone的直译名,即电话)事的谈判和斗争。光绪二十五年(1899)冬,他又"奏准德律风悉归电局办理",维护了中国电讯电报业的主权。

光绪十九年(1893)十月,正当盛宣怀忙于领导轮船招商局与"怡和""太古"竞争,订立第三次齐价合同和经理全国各地电线的架设时,李鸿章又让他规复上海机器织布局。

上海机器织布局筹议于19世纪70年代末,几经周折于90年代初才正式开工,但开工不久即于光绪十九年(1893)九月遭火焚毁,损失惨重,烬余折成款项,"仅敷抵还零星欠款"。李鸿章之所以把重建织布局、与洋货竞争的任务交给盛宣怀,是认为他"于商务洋务,尚肯苦志研求"(夏东元著:《洋务运动史》,华东师范大学出版社2009年版)。社会上也公认他的"身份、势力和财力都适宜于担当此任"。当时盛宣怀正任天津海关道职,他将职事交给代理关道后,于同年十二月赴上海开始规复织布局的工作。

规复织布局面临的第一个工作就是结束前账的问题。盛宣怀从"体恤旧商,方足以招徕新商"的观点出发,照顾织布局旧股东的利益,将织布局焚后"所欠官款,悉归以后局厂按每出纱一包捐银一两,陆续归缴",所欠商股的款项,即"非官款的损失(65万余两),则将由灾余基地局房估价按成摊还"。另外,将织布局烬余10万余两,填给股票售与新商,"按旧股1000两先摊得200两,填新股票,一律取利,其余旧股800两,俟新商获利陆续抽捐归补"。因此新局招股顺利,不到两个月,按计划100万两资本即已筹足,使新局筹建工作进展迅速。不到一年,即光绪二十年(1894)的阳历9月,新局就重新投产。《捷报》当时评价,"上海织布局已于去年10月19日被焚,这次火灾并没有阻住中国工业的努力建设。规模更大、设备更好的织布局又建起来了……大火之后整整11个月,棉花已入厂,预计数日后即可出纱。旧局有布机500台,纱锭25000枚;新局现有布机1500台,纱锭7万枚"。为了照顾"商情远虑他日办好恐为官夺",盛宣怀又提议将"局"改"厂",以承商资商办之意,名为"华盛纺织总厂"。另在上海、镇江、宁波等地设10个分厂。

为了把华盛纺织总厂真正办成民族企业,盛宣怀特制定了以下规定和措施:①华盛纺织总厂"不准洋商附搭股份",也不准洋商借华商名义进口纺织机器,以维护民族纺织业的利益。②华盛总厂及分厂,均为"商本商办,摒除一切官气",在用人方面"不得徇情滥用"。③尽量降低产品出售价格,争取市场竞胜。盛宣怀向政府申请织布厂产品"在上海本地零星出售,应照中西通例免完税厘;由上海径运内地及分运通商他口转入内地,均在上海新关完一道正税,概免内地沿途税厘"(上海图书馆编:《上海图书馆藏盛宣怀档案萃编》,上海古籍出版社2008年版)。同时还请求政府对"华盛"及分厂所购用的纺纱织布机器设备进口免税,以减轻成本等。这些规定和措施,在当时对华盛纺织总厂及其分厂的发展起了很大作用。

4. 适应经济发展需要,多管齐下办实业

中日甲午战争后,帝国主义对中国经济掠夺的主要对象是铁路、矿务,而中国也要求把关系到国家经济命脉的铁路、矿务等工业企业,摆到重要的发展地位。要办铁路、矿务等大型企业,就需要在国民经济中起枢纽作用的银行。甲午战争之后,盛宣怀适应国民经济发展的需要,致力于铁路、矿务、银行等的创办和经营。

光绪二十二年(1896)阳历10月,盛宣怀得到当时的权势人物张之洞、王文韶等人的帮助,被清廷任

命为中国铁路总公司督办。光绪二十二年年底（1897年1月），盛宣怀在上海设立铁路总公司,他向清廷奏明：铁路总公司先造卢（卢沟桥）汉（汉口）干路,其余苏、沪、粤、鄂次第展造，不再另设公司。并提出各干路先尽官款开办，然后择借洋债，再集华股接办。

当时，张之洞、盛宣怀等都认为自卢沟桥往河南达湖北汉口之卢汉路，为"铁路之枢纽，干路之始基，而中国大利之所萃也"。对于盛宣怀，造卢汉路则更为重要。因为当时盛宣怀正接办了汉阳铁厂，有铁路钢轨这个大销路，汉阳铁厂的发展就有大的希望。铁路的修造关系到铁厂的成败，因此对于造卢汉路，盛宣怀下了很大功夫。首先是资金问题，当时清廷无款可拨，华商亦无此巨大资本，面临的问题必然是借洋债或招洋股。李鸿章等以为招洋股比借洋债容易。但盛宣怀从警惕洋商侵权的考虑出发，坚持借洋债不招洋股。他说："若借款自造，债是洋债，路是华路，不要海关抵押，并不必作为国债，只需奏明卢汉铁路招商局准备借用洋款，以路作保，悉由商局承办。分年招股还本，路利还息，便妥。"认为借洋债虽也有苛条，但路权终归自己，招洋股不慎则将被占夺路权。清政府反复权衡，采纳了盛宣怀的意见。盛宣怀考虑借用比利时之款，因比利时国小，借款无甚大的利害。其次是抵制洋人企图侵夺卢汉路权的事。光绪二十一年（1895），当卢汉路议归商办时，有广东在籍道员许应锵、广东商人方培垚等4人，"均称集有股份1000万，先后具呈各愿承办，请派大员督理"。盛宣怀分析是洋人在背后操纵，即进行坚决抵制。事后证实盛宣怀的分析是对的。另有一件事是光绪二十二年（1896）容闳靠洋人的支持，将修筑津镇路的旧议提上日程。盛宣怀认为当时商品流通量不是太大，修津镇路必夺卢汉路之利，况且容闳背后有洋人，岂不是洋人夺华人之利？因此他也坚决反对。光绪二十三年（1897）十月，卢汉路投孝路段开工，盛宣怀专程由沪赴鄂，亲自料理开工事宜。

　　盛宣怀督办铁路总公司之时，也正是帝国主义各国在中国大肆抢占路权之时。盛宣怀认为虽然无国力拒绝洋人抢占中国路权，但是应该设法在洋人抢占路权的高潮中与洋人争夺路权。他在督办南北干线卢汉路之后，又力争粤汉路自办。光绪二十四年（1898）一月，他上奏清廷说，英国正在觊觎粤汉路，如果英国真的抢占了粤汉路权，那么就会造成"直贯其中，将来俄路南引，英路北趋，虽有卢汉一路，气促权轻，间隔于中，无能展布，且将来甚至为英、俄之路所并。则咽喉外塞，腹心内溃，虽欲讲求练兵制械之法，理财足国之方，亦将无从着手！岂惟不能自强，恐从此中华不能自立"（《清史稿》卷一百四十九）。列强会因路及地瓜分掉中国。盛宣怀由列强抢占路权联系到国家领土的被瓜分,结果得到清廷粤汉路自办并由他督办的批准。自此,盛宣怀以卢汉路向北进、粤汉路向南进的计划,努力发展铁路,使之不被列强所抢占。他提出干路借款自造、支路华商承造,在全国发展铁路的措施。不过,盛宣怀在与列强争夺路权的同时,也常常向列强妥协,断送掉一部分路权。干路借款自造的措施,最终竟导致了宣统三年(1911)铁路干线国有实为帝国主义所有,从而掀起保路运动,成为辛亥革命的导火线,盛宣怀本人也成为辛亥革命打击的对象。但是,盛宣怀在近代中国"一无款,必资洋债;一无料,必购洋货;一无人,必募洋匠"的极端穷困落后的艰难条件下,与帝国主义争夺路权,积极发展中国的铁路事业,是有一定贡献的。

  盛宣怀督办铁路总公司前后达10年之久。在与列强争夺路权的同时,盛宣怀也与列强争夺矿权。盛宣怀认为办矿与中国"转贫弱为富强实有关系"。光绪二年(1876)他即著《论矿事书》,提出国家应简放矿政大臣,统一领导,遍勘各省矿产,俱归督办的意见。因此如前所述,19世纪70年代至80年代他都积极投入湖北煤铁开采与山东、辽宁金州等地金属矿的创办和开采。中日甲午战争后,更是奋力投入与列强争夺矿权的活动。光绪二十二年(1896)他曾与美国"摩根"在上海设立开矿公司未果。光绪二十五年(1899)又正式上奏清廷,建议在全国速设商股商办的矿务总公司,并延聘著名的洋矿师带员到矿产尚未被洋人夺占的三江两湖地区以及各省周历查勘,"绘图贴说,分别等差,先行买归总公司执业",又未果。光绪二十八年(1902)全国矿产几乎被洋人抢占殆尽,盛宣怀异常焦虑,他一面在郑观应的帮助下,尽可能在全国范围内抢先购买矿山,另一面提醒清廷:"和约定后(指《辛丑条约》签订之后),势必群起争占,利权尽失。且恐因矿而占路,并因矿路而占地,所关甚巨。"因此将在全国设立勘矿总公司的建议再次上奏,并同时建议各省"筹款分延矿师勘觅,以免外人再占"。当清朝廷批准成立勘矿总公司之后,盛宣怀立即延聘英国矿师布鲁特等人,按他上述计划进行勘查占矿。如:①派员勘查购买四川巫山、大宁两县铜铅矿,"恐稍迟必为洋人得"。②当听说山东淄川、博山各矿,德国人"已用华人名买地不少"时,即请山东巡抚周馥"密饬各属查明产矿之地登记",以期达到"自购矿地保守主权"的目的。③湖北郧阳府、陕西洵阳县铜苗甚旺,为了"免为外人攘夺",赶紧派人取样化验以备开采。其他如光绪二十九年(1903)利用勘矿公司名义与法国争湖北竹山铜矿;同年,与英国争江苏利国铁矿权;抢先勘定平定州煤矿等。另外,盛宣怀还对英国公司侵占山西矿权,日、英等国企图侵占大冶铁矿等进行了针锋相对的斗争，以力保矿权自主。

勘矿公司经过3年的经营，盛宣怀于光绪三十二年（1906）奏请撤销。盛宣怀在与洋人争夺矿权的同时，亦有排挤华商开采矿务的一面。比如光绪二十四年（1898），有商人在萍乡地区另立采煤公司，盛宣怀认为这是"坏我重费成本之局"，即请当地政府"援照开平不准另立煤矿公司"等。不过。总的来说，盛宣怀经办勘矿总公司，与洋人争矿权，维护民族工业发展的一面是主要的。

光绪二十二年（1896）十月，盛宣怀被任命为铁路总公司督办一个月后，紧接着他又被清廷委以"选择殷商，设立总董，招集股本"，成立银行之任。

在中国创办银行，是盛宣怀长期的打算。早在光绪十三年（1887），美国人米建威与盛宣怀等人谈判在中国创办德律风及办银行，意欲在中国独办银行，盛宣怀则主张中美合办，才"名正言顺"。光绪二十一年（1895）当清廷因甲午战败筹措赔款问策于盛宣怀时，他又提出速办银行之一策。光绪二十二年（1896）十月，他向清廷上奏《请设银行片》，系统地表述自办银行的见解："银行昉于泰西，其大旨在流通一国之货财，以应上下之求给，立法既善于中国之票号、钱庄，而国家任保护，权利无旁挠，故能维持不敝。各国通商以来，华人不知务此，英、法、德、俄、日本之银行乃推行来华，攘我大利。近年中外士大夫灼见本末，亦多建开设银行之议。商务枢机所系，现又举办铁路，造端宏大，非急设中国银行无以通华商之气脉，杜洋商之挟持。"这之前，他在接办汉阳铁厂时即对张之洞表示："铁路之利远而薄，银行之利近而厚。华商必欲银行、铁路并举，方有把握。如银行权属洋人，则路股必无成。"（袁文伟著：《中国近代银行之父盛宣怀》，《文史月刊》2006年第07期）他认为银行应与铁路同时举办，既能促进铁路建成，又能抵制洋人侵利权。因此，当盛宣怀接清廷办银行之命后，立即着手组织董事会。第一届董事有：张振勋、叶澄衷、严信厚、施则敬、严潆、朱佩珍、杨廷杲、陈猷等人。叶、施、朱和严信厚均为民族资本家，严潆、陈猷为轮船招商局会办，杨廷杲为电报局总办，张振勋是华侨资本家中的巨擘。这是盛宣怀为办成银行所采取的首要措施。其次，为了取信于外人，盛宣怀请户部发官款200万两，存放于新办的银行。

正当盛宣怀抓紧时间筹组银行之时，他遭到社会上流言蜚语的攻击，说他办轮、电、银行等企业是为谋私利。盛宣怀愤然向社会申述自己办近代企业的动机："宣怀半生心血仅办成招商、电报、纺织三事……不过要想就商务开拓渐及自强，做一个顶天立地之人，使各国知中原尚有人物而已。"（张振成著：《盛宣怀与中国通商银行》,《青岛大学师范学院学报》2004年第01期)同时,俄国人又来胁迫,企图阻止中国自办银行,要使中国银行与俄道胜银行合办。盛宣怀阻止了俄国人,就在通商银行即将正式开行之前,清政府又有动摇。最终几经磨难,中国通商银行于光绪二十三年(1897)四月终于在上海正式设立。不到一年,又在天津、汉口、广州、汕头、烟台、镇江、北京等城市开设了分行。通商银行的创办,对当时铁路、矿务等大型工业企业的发展起到了作用。光绪二十五年(1899)盛宣怀统计通商银行几年的经营情况说,银行"每6个月结账一次,除开销外,发给股商利银40万两,缴户部利银10万两,尚属平稳"(宋凤英著:《"近代中国第一代实业家"盛宣怀》,《文史天地》2014年第1期)。

5.重视人才培养,创办北洋大学和南洋公学

盛宣怀在办工业企业的实践中,一开始就认识到人才的重要性。办矿业时他说:"开矿不难在筹资本,而难在得洋师。"办纺织业时又说:"织局不难于集资,难于得人。"深深有感于中国专门人才的匮乏。聘用洋人只是权宜之计,更主要的是立足于培养自己的人才。因此19世纪70年代他还在办湖北矿务时,就从两方面着手去培养矿学人才:一是建议"于同文馆

及闽、沪各厂选择略谙算学聪颖子弟一二十人",跟随洋矿师勘矿等作业时实地学习;二是"请饬出洋学生酌分一二十人在外国专学开矿本领,二三年后即可先行回国"。80年代办电报局时,又在天津、上海等地办设电报学堂。90年代督办汉阳铁厂,又在该厂附设学堂。随着他经办的企业越来越多,经验越来越丰富,就越是感到非迫切培养自己的人才不可。因此,光绪二十一年(1895)秋,他在任天津海关道3年之后,即在权力和经济力已达到一定的高度之后,得到直隶总督王文韶的支持和帮助,在天津创办了北洋大学堂。

北洋大学堂分别设头等、二等2个班次,每等分别设4班,"每班三十名,递年工夫长进,升至头班头等"。当时头等即是大学,二等则是预科性质。学生除学语言文字外,主要学习理工知识,将"天算、舆地、格致、制造、汽机、化矿诸学"作为公共必修课。此外又将头等之10名,分为"律例、矿务、制造"3个专科,光绪二十三年(1897)北洋铁路学堂合并于北洋大学堂,增加了铁路一科。从所学课程和分科的情况看,北洋大学堂是中国第一所工科大学(欧七斤著:《盛宣怀与中国近代教育》,上海交通大学出版社2016年版)。

光绪二十二年(1896)九月盛宣怀卸任天津海关道职,开始督办铁路总公司、汉阳铁厂、通商银行等,长住上海,又将他早已酝酿的设立南洋公学的计划付诸实践。按照盛宣怀的设想,要把南洋公学办成一所培养内政、外交等政治官员的学校。他在为南洋公学拟定的章程中说:"公学所教以通达中国经史大义厚植根柢为基础,以西国政治家日本法部文部为指归,略仿法国国政学堂之意。而工艺、机器、制造、矿冶诸学,则于公学内已通算、化、格致诸生中,各就质性相近者,令其各认专门。略通门径,即挑出归专门学堂肄习。其在公学始终卒业者,则以专学政治家之学为断。"但事实上开办后的南洋公学并没有照原计划进行,而于光绪二十三年(1897)二月"考选成材之士四十名,先设师范院"。后来又在招收师范生外,"复仿日本师范学校有附属小学校之法,别选年十岁内外至十七八岁止聪颖幼童一百二十名,设一外院学堂",即小学堂,由师范生分班教习。接着又于光绪二十四年(1898)开二等学堂,亦称"中院",即中学;计划以后条件成熟再开设头等学堂,亦称"上院",即大学。这样使学生由小学堂到中学,再到大学循序渐进。

除师范院、外院、中院、上院4部正规学制之外,南洋公学又开办了特班,为"变通原奏速成之意,专教中西政治、文学、法律、道德诸学,以储经济特科人才之用",即开办短期的培养政治官员的学习班。

鉴于南洋公学主要是培养政法、外交的人才,与此相适应,盛宣怀又于同年奏请清廷批准,在公学附设了译书院。公学译书院一反过去京师同文馆、上海制造局等处主要译科学技术的西书，改变为译政治方面书籍，且是"新理新法"的书。为了培养翻译人才，公学于光绪二十七年（1901）又设东文学堂，"考选成学高才之士"40名，"专习东文讲授高等普通科学以备译才"。为什么只培养日文翻译？因为盛宣怀认为中国"格致制造则取法于英、美，政治法律则取法于日、德"，而德国政法之书又多译成日文。

光绪二十五年（1899），盛宣怀说：中国"一则无商学也，再则无商律也。无商学则识见不能及远，无商律则办事无所依据"（《愚斋存稿初刊》卷三）。遂建议清廷，先于各省设华商公所，而后准华董们自己集资开办商务学堂。有了商律，又有商务学堂，办企业就"不致受衙门胥吏之舞弄，即不致依附洋商流为丛爵渊鱼之弊"。办商务学堂既可以抵制封建官衙的欺负，又可以不致受洋商的挟持。当光绪二十七年（1901）盛宣怀被授为办理商税事务大臣时，即上奏清廷，请设商务学堂。同时着手做准备工作：①礼饬南洋公学掌管教务行政的提调刘树屏，将公学尚未开班的上院改为商务学堂；②派遣公学院监福开森赴美、英、比、法、德、奥、瑞7国考察商务学堂；③咨请出使大臣在外洋觅购商学商律诸书，以备学堂之用。经过长期积极的努力，终于在光绪三十年（1904）得清廷批准，将南洋公学改为高等商务学堂。不久,南洋公学改隶商部,改办为南洋高等实业学堂。

南洋公学的开办,从赠地建屋、筹措经费、招聘教师,到办学方针、课程设置等方面,均由盛宣怀躬亲办理。南洋公学学堂基地就是由他捐购的,常年经费则由他经营的轮、电二局岁捐10万两。其他关于学堂房舍、仪器、图书等设施,乃至派遣留学生出国的经费及事宜,他都一一筹措和安排。当光绪二十八年(1902)袁世凯借机停拨轮、电二局常年经费10万两,想迫使南洋公学停办时,盛宣怀仍采用平时公学历年积存和向社会劝募的办法,来使公学继续办下去,并始终坚持向国外派遣留学生,让他们在外国实地学习国内不容易学到的知识。从光绪二十四年(1898)到三十二年(1906)的8年间,盛宣怀主持派遣到美、英、德、日、比5国的留学生共有58人。这些人大多为公学学生,回国后很多参加了工业企业和教育工作。

除了南洋公学和北洋大学堂外,盛宣怀还于光绪三十一年(1905)因卢汉路"向用法文",需要法文人才而创办了铁路法文速成学堂;宣统三年(1911)成立了吴淞商船学堂等。

既致力于办实业,又热衷于办教育,并把办教育与办实业看得同等重要,这是近代早期的一批实业家共同的特点,如盛宣怀、郑观应、经元善、张謇等人。

但在这方面,诚如南洋公学始任提调继任总理的张美翊对盛宣怀评价所说:"溯当经营伊始,风气来开,尺水寸土,皆劳擘画,筚路蓝缕,甫肇文明。"(夏东元著:《盛宣怀传》,上海交通大学出版社2007年版)

盛宣怀的一生,都在致力于经营和发展工业企业及与之相适应的教育事业,且确有成效。清廷之所以重视他,原因在于盛宣怀基本控制了如上述的轮、电、矿、纺织、银行等工商企业,经济上成为支撑清王朝的有力柱石。清王朝要利用他,盛宣怀也要利用清王朝。因为当时要办上述那些资本主义工商企业,没有清王朝的批准和支持,无论如何是办不起来的。盛宣怀自己就说过:"目下留此一官,内可以条陈时事,外可以维护实业。"(夏东元著:《盛宣怀传》,上海交通大学出版社2007年版)做清王朝的官,就势必要维护清王朝的利益,比如经济上他所控制的企业经常要对清政府做封建性的报效;政治上反对康、梁民主性的变法维新方案;主张镇压义和团;与帝国主义搞东南互保,以继续维持清廷的统治。半殖民地的中国,在清王朝逐渐依赖帝国主义、政权性质逐步买办化的历史条件下,盛宣怀要办好工商企业,就需要得到帝国主义的支持和帮助,因此他也就不可避免地向帝国主义妥协,不同程度地牺牲民族利益,来适应帝国主义的需要。如东南互保和实质上出卖国家主权的"铁路国有"政策等。做清王朝的官和向帝国主义妥协这些政治上的作为，就与盛宣怀在经济上力图发展商办企业的实践产生了深刻的矛盾。政治上不进行民主性的改革，商办企业的发展就必将受到阻碍，也就达不到盛宣怀创办和发展工商企业以为国家谋富强的目的；与帝国主义妥协，也与他创办工商企业是为从洋人手中夺回利权的初衷背道而驰。但是最终不可避免的、也是盛宣怀所始料未及的，就是其所创办和经营的工商企业的资本主义性质的发展，必将使他成为封建王朝的掘墓人；他所创办和经营的工商企业的资本主义性质，在很大程度上改变了他的身份。他是清王朝的官，但他从骨子里更是一个近代中国早期的资产阶级的典型人物，他的性格即是近代中国资产阶级的性格。同时代的资本家经元善说他，"独揽轮船、银行、铁政、铁路、煤矿、纺织诸大政，所谓一只手捞16颗夜明珠"，就深刻地揭示了他攫取高额利润的资产阶级的本质，另一方面，他"为此而创办前人未办过的工业企业；为此而招集商股将闲散资金化为有用；为此而引进先进的科学技术；为此而办正规的新学堂和派遣留学生；为此而与洋商斗或和；为此而与一切敢于同他竞争的对手斗或和，从而导致了推动经济的巨大发展和进步"（胡泽著：《政商奇才盛宣怀》，商务印书馆国际有限公司2015年版）。

清末状元实业家——张謇

张謇（1853—1926），字季直，号啬庵，出生于江苏省海门直隶厅长乐镇（今江苏省南通市海门区常乐镇），是清朝末年的状元。中国近代主张"实业救国"的实业家、政治活动家和教育家，更是中国现代化事业的开拓者和先驱。

光绪二十年（1894）正是慈禧太后的60大寿。为了庆祝她的寿诞，在这一年要增考一期恩科状元。往常情况下，要3年才考一次，这次为了庆贺慈禧寿诞破例。参加考试的人不少，张謇在初考就考得第60名贡士。在此期间，张謇结识了光绪皇帝的老师翁同龢。翁同龢是比较了解他的，加之他又考了第60名，

张謇

便向慈禧太后提建议,选一名有久远纪念意义的人当状元,以庆贺慈禧60大寿,便推荐了考第60名的张謇。因此,张謇变成了中国唯一一个第60名的状元。

1. 曲折的仕途,树立"实业救国"理想

清文宗咸丰三年(1853),张謇在江苏省海门直隶厅的长乐镇降生,在一个富农兼小商人家庭成长。5岁读乡间私塾,到了16岁考中秀才,19岁以后喜欢攻读桐城派古文与宋儒著作。

中日甲午战争以前,张謇走的是传统科举士人的老路。历尽坎坷,直到年逾不惑才取得号称"正途"的进士出身。其间,他因为家贫辍学,曾经在各地游历10年,也曾先后在江苏赣榆选青书院、崇明瀛洲书院讲学与著述。从同治七年(1868)到光绪十八年(1892),在整整25年间,他历经县、州、院、乡、会等各级考试20余次,其中仅直接消磨在考场中的时间就有120天之多,结果无非是凭考官的喜怒好恶决定自己的命运。张謇在累遭蹉跌之余,把多年常用的一套考具都丢弃了,可见他对科举生涯厌倦之深。

但历史竟有这样奇妙的机缘。光绪二十年(1894)春天,张謇在年迈的父亲一再敦促下,带着几乎绝望的心情,最后一次进京参加会试。他的情绪沮丧,甚

至连发榜的结果都懒得去打听。但不料这次为庆祝慈禧太后60大寿举行的恩科会考,他考得第60名贡士,讨了慈禧60大寿的彩头,由帝师翁同龢推荐,一举高中一甲一名进士,循例授翰林院修撰,成为举国惊羡的新科状元。

　　光绪二十年(1894)是农历甲午年,这一年,无论对于中国,还是对于张謇,都是一个极为重要的转折点。中日甲午战争的失败与《马关条约》的签订,使整个民族蒙受空前的奇耻大辱,帝国主义对中国的侵略也进入一个新的阶段。同时,在极为严重的瓜分狂潮的强烈刺激下,中国人民的民族意识进一步觉醒。人们对于绵延30年之久而又徒劳少功的洋务运动感到失望,对于"中学为体,西学为用"的陈腐说教感到厌倦,因此更加努力探索救亡图强的新路,戊戌维新运动于是脱颖而出。张謇正是顺应这股强劲的时代潮流,逐步与封建士大夫的传统道路决裂,走上以发展实业与教育为中心的革新途程。

《马关条约》允许外资在内地设厂,张謇深感忧虑,认为这将会导致"尽撤藩篱""喧宾夺主"的恶果。因此,他在光绪二十一年(1895)夏天为署理两江总督张之洞起草的《条陈立国自强疏》中,便明确地主张:尽速讲求商务、工艺,采取保护政策,各省设立商务局、工政局,提倡招商设局,建立公司,以谋抵制洋货倾销。

他认为,"富民强国之本实在于工",应该实行"商办官助"的方针,以求民族近代工业的急起直追。同年年底,他即着手筹办大生纱厂。

光绪二十九年(1903)春,张謇应邀前往日本参观劝业博览会。经过70多天的参观访问,他对日本快速发展的近代经济、文化有了十分深刻的认识。回来后,他将参观期间的日记编辑刊印,名为《东游日记》。

日本政府对本国大资本集团实施的扶助政策让他最为印象深刻。他认为,正是由于日本实行了君主立宪和政党政治,国家民众积极支持国家大事。爆发日俄战争后,张謇惊讶地看到一个地域面积不大的日本岛国居然敢挑战横跨欧亚大陆的沙俄,而且还取得了胜利,感慨颇多。因此,张謇日益明确了自己立宪派的政治主张,谋求在政治体制上以君主立宪取代君主专制,从而保护并促进民族资本主义的发展。

光绪三十二年(1906)冬,他以东南地区一部分上层绅商为依托,建立预备立宪公会,并出版《预备立宪公会报》,作为宣传君主立宪制的喉舌。宣统元年(1909)秋,江苏咨议局成立,张謇当选为议长,随即发起全国范围的国会请愿活动,要求清朝政府尽快召开国会,制定并颁布宪法,废除专制制度。但是,清朝政府一次又一次断然拒绝了他们的请愿,这就使立宪派逐渐对清朝政府失去期望,其中一部分人转向革命。张謇属于立宪派中比较稳健的一翼，继续对清朝政府做"最后之忠告"，但内心深处已产生"绝弦不能调，死灰不能爇"的消极思想，于是转而以主要精力谋求自身企业的发展。

辛亥革命爆发后，各省纷纷响应并宣布独立，终于促使张謇放弃了君主立宪主义，接受了民主共和观念。他曾经担任以孙中山为首的南京临时政府的实业总长，也曾参加中华民国联合会、统一党、共和党等政团组织，但他的主要事业仍在于经营大生资本集团。他曾经对袁世凯存在幻想，认为在清朝败亡、各省独立之余，只有像袁世凯这样既有实力又较开明的铁腕人物，才能形成新的政治中心并重建国家的统一、稳定与秩序，而这些都是包括大生纱厂在内的民族资本主义发展所迫切需要的。因此，他不仅容忍袁世凯以血腥的手段镇压"二次革命"，还参加了"名流"内阁，担任农商总长。他不明白袁世凯无非是把"名流"们作为一种装饰品和铺平他走向独裁帝制道路的垫脚石，却幻想凭借国家政权的力量来推行他梦寐以求的"棉铁主义"，即以纺织、钢铁两项为轴心全面发展民族资本主义经济。在两年任期中，他"延揽通晓工商法之人"，认真编辑20余种法令条例，并且精心拟订了各种雄心勃勃的发展实业计划。张謇历来主张"实业救国"，但他并未忽视经济与政治之间密不可分的关系，认为"实业之命脉,无不系于政治"。他很希望出现一个能够从"法律、金融、税则、奖励"四方面"扶植、防维、涵濡、发育"本国农工商业的"良"政府,可是他终于发觉袁世凯所最关心的乃是复辟帝制,而自己两年来努力制定的20余种法令条例统统成为一纸空文。

张謇反对帝制阴谋,并且辞职南下以示决裂。1916年春,袁世凯在全国人民的反对声浪中被迫取消帝制,并曾通过徐世昌再次邀请张謇北上为之转圜。张謇态度十分鲜明,说是南方讨袁战争已蔓延各省,"武力与调和皆不易解决",唯一的办法是请袁世凯"急流勇退",以平民愤而早日结束战争。但是,袁世凯到病死也未能给中国带来和平与安定,接踵而来的是各派军阀的武装割据与更为频繁的战乱。

2. 为民族工业发展,创办大生纱厂

中日甲午战争以后,张謇曾经参与戊戌维新运动,但主要精力则是用于创办大生纱厂。

状元办厂的直接动因来自外国侵略的强烈刺激。他在大生纱厂的《厂约》中具体地阐明了自己办厂的原因:"通(州)产之棉,力韧丝长,冠绝亚洲,为日厂所必需。花往纱来,日盛一日。捐我之产以资人,人即用资于我之货售我,无异沥血肥虎,而袒肉以继之。

利之不保,我民日贫,国于何赖?"(张孝若著:《最艰难的创业者:状元实业家张謇传》,新世界出版社2016年版)办厂就是为了防止中国完全堕落成为日本的经济附庸——原料基地与工业品市场。

同时,也应该看到,当时的通州(今南通)已经初步具备了办厂的条件。通州位于长江口北岸,离上海不过300里航程。东北滨海,南面临江,土壤、温度、雨量、霜期都很宜于植棉。本地棉花很早即以"纱花"著称,盛销于东南沿海各地。这一带的手工棉纺织业也很发达。"通州大布"平挺厚重,保暖耐磨,畅销于传统的东北市场。从19世纪80年代开始,当地农家多用外来机纱作为经纱,因其线条长、出布多、易织而市价又高。到光绪二十三年(1897),通州手工织布业对于机纱的需求量日增,机纱日销80大包,年销值约200万元,这就为大生纱厂的创办提供了市场条件。张謇前些年通过办理税捐改革等乡里公益事宜,早已与当地花纱布商人建立了良好的合作关系,所以他在通州办厂确有一定社会基础。

大生纱厂的创办,经历了官招商办、官商合办与绅领商办三个阶段。

第一阶段是官招商办。此项工作实际上在光绪二十一年(1895)年底即已开始了。经过两个多月的招商活动,张謇为大生纱厂组织了一个被称为"通沪六董"的筹建班子,包括本地和上海各3位商人。董事并非股东,实为厂的未来领导人。"通董"都是花布商,其中以沈敬夫(名燮均)最为得力。他后来成为张謇的忠实助手。"通董"们很快便选择和购买了通航运河与长江之间的唐家闸陶朱坝作为厂址。但是"沪董"却持消极态度,既不依约招股,又不定购机器,反而要求把"通董"筹集的股金交由"沪董"管理。张謇被迫调整董事结构,决心以通州、海门一带商人作为主要依靠。但是,本地商人财力薄弱,对于投资近代企业认识不足,原定招股60万两,而实际只筹集到三四万两。这样,官招商办的计划便中途夭折。

第二阶段是官商合办。张謇等人力不从心,只得向官府寻求帮助。正巧,张之洞原来为湖北纺纱官局南厂订购的40800枚纱锭,由于资金短绌,被搁置在上海杨树浦码头达3年之久,风吹雨打,锈烂破损,颇想贱价出售而又无人问津。于是,经张之洞同意,张謇与上海商务局议定,把湖北纺纱官局的"官机"折价50万两入股,另外再招商股50万两,合成100万两股金,把大生纱厂改为官商合办。但是,一般商人畏官如虎,极力反对官办。加以正值上海华资纱厂相继倒闭,招集商股更为困难。因此,官商合办计划亦告搁浅。

第三阶段是绅领商办。由于张謇集资到处碰壁,只得再次寻求张之洞等疆吏的援助。于是，在光绪二十三年（1897）夏秋之间又把大生纱厂改为"绅领商办"。即将折价50万两的"官机"对半平分，由张謇、盛宣怀代表绅士"合领分办"，每人另行筹集商股25万两分办两厂。大生纱厂改为"绅领商办"之后，官股虽然仍占一半，但在"绅领"的前提下官已无权直接干预企业经营，只不过到期领取定额"官利"而已。通海地区一般商人对于大生纱厂投资的积极性有所增长，加之纱厂规模缩小一半，集资任务也大为减轻，张謇本人因此更增强了信心。

光绪二十四年（1898）年初，大生纱厂基建工程正式开始。资金虽仍短绌，但经过沈敬夫等人的多方筹措，特别是五六百工人的辛勤劳动，到这年冬天终于建成厂房，机器也安装过半，棉花收购业已开始，眼看就可以出纱了。这时流动资金只剩下四五万两，连起码的日常开支都难以应付。好不容易挨到次年5月，机器总算全部安装完毕，而沈敬夫等已是左支右绌，两手空空。张謇急于出纱以提高信用，把已经购回的价值8万两的棉花运到上海卖掉，用这笔钱来应付最紧迫的开支，保证了大生纱厂在5月23日正式开车投产。

至此，困难仍然极大。首先是外界的各种阻力，情况正如张謇以后所回忆的那样："夫今世何世乎？韩昌黎所谓小人好议论人，不乐成人美之世也。此非谓世无君子也,为君子少而伪君子多。"厂房刚刚建好,就有人吹冷风:"厂囱虽高,何时出烟?"试机以后,又有人讥刺说:"引擎虽动,何时出纱?"张謇断然买花出纱,并且在开工之日邀请人们参观,以实际行动来回击这些闲言碎语。资金短绌毕竟是大生纱厂的先天弱点,开车以后用花更多,资金周转更难。张謇为筹集资金,"留沪两月,百计俱穷",连旅差费都得靠卖字开支。每天晚间,他与一二好友在南京路一带徘徊,"仰天俯地,一筹莫展"。他两手空空回到通州,被迫做出最后决定:"尽花纺纱,卖纱收花,更续自转,至不能有花纺纱,则停车而闭厂,以还股东。"(吕思勉著:《中国通史》第二十章,中国华侨出版社2016年6月版)

幸好,市场上的棉纱这几年销售得还算不错,纱价也在上涨。大生纱可以利用本地廉价的劳动力和原料,还省了不少长途运费,秋后,卖纱得到了不少回款,很快便在市场竞争中站稳了脚跟。

光绪二十七年(1901)清政府签订空前丧权辱国的《辛丑条约》之后,为了苟延残喘与笼络人心,宣布实行包括"振兴工艺"在内的所谓"新政"。同时,各地绅商也相继发起收回利权运动,表现出很高的发展民族工矿企业的积极性,并且在光绪三十一年(1905)日俄战争以后形成一个短期的办厂热潮。大生纱厂正是在这些年迅速得到发展,利润也随之逐年增长。光绪三十年（1904），该厂资本增至63万两、纱锭仍为2万余枚。光绪三十三年（1907）又在崇明久隆镇（今属启东市）创办大生二厂，资本100万两，纱锭26000枚。到宣统三年（1911）为止，大生一、二厂共获净利约370万两。

从1912年到1921年，在整整10年中，大生企业系统获得空前的发展。

3. 建立原料基地，创办垦牧公司

为了给大生纱厂提供大型原料基地，张謇首先着手创办通海垦牧公司。

光绪二十六年（1900）秋，因为义和团运动，洋纱进口受到了影响。但是为了不影响产品的正常供应，张謇急于用企业方式解决原料基地问题。在此后将近一年的时间里，他跋涉沿海滩涂，勘测地界，起草章程，并初步筹集到一部分资金。基建工程于光绪二十七年（1901）冬正式开始，整整花去10年时间才算初具规模，那已是在辛亥革命爆发以后了。

地权纠纷和风潮灾害是垦牧公司在创建阶段需要解决的两大难题。

垦牧公司以低廉的价格购买了12万多亩土地，这块地的原有产权并不像表面看起来那么简单。其中既

有属于苏松、狼山两镇的"兵田",还有属于淮南盐场的"荡地",又包括原业主或土地实际占有者等民间的"坍户""批户"等各种名义的土地,关系极其复杂。张謇花了整整8年的时间,依靠各种关系,才算把这些土地的产权全部清理完毕。

垦牧公司以及垦区农民、民工对狂风巨潮带来的危害更是苦不堪言。各种基建工程在狂风暴雨中进行是常有的事。开垦者住在堤边简陋的芦苇窝榻(当地称"滚龙厅")中,"数人一屋,湫隘嚣杂,寒暑皆苦"。光绪三十一年(1905)夏,经过艰苦奋战,7条干堤与部分渠道终于修建,7000亩土地同时开垦成功。令人痛心的是,不久后新成各堤和牧场羊群没有抵过一场持续了5昼夜的大风暴,之前的努力毁于一旦,更为严重的是,这场特大灾害冲垮了股东们继续投资的勇气,垦牧公司面临着功败垂成的危险。张謇只得再次求助于两江总督刘坤一,获准向江宁藩库等单位筹集一批款项,购运棉衣、粮食到垦区实行"工赈"。光绪三十二年(1906)春,3000多通海移民忍着饥寒,在大风暴的肆虐下修复被冲毁的各条干堤,经过2年的时间才基本完成修复工程,承佃垦荒者合共1300余户,丁口6500人,植棉终于看到了成效。

垦牧公司将绝大部分土地佃给赤贫移民耕种。承佃者每亩需交"顶首"(押租)2000文,田地收获"公司得四，佃人得六"。封建租佃制仍占主导地位。但垦牧公司毕竟是大生纱厂的棉花基地，而且所收地租大部分用于河、堤、闸、路等大规模围垦工程，具有扩大再生产的意义，而且在棉种改良方面也做了不少努力。垦区所产棉花在南洋劝业会上得到优等奖牌，说明通海垦牧公司确已取得成绩。到1921年止，盐垦事业有了很大的进步，不但公司林立，而且开垦范围逐渐扩大。就南北向而言，南至长江口的吕四场，北达海州以南的陈家港，在紧邻黄海沿岸的冲积平原上，有455万亩的土地，投资2119万元开垦了70万亩土地。张謇所办的经济事业，至此已达到了顶峰。

从光绪二十七年（1901）到三十三年（1907），张謇先后创办了19个企业。这些企业同通海垦牧公司一样，主要也是围绕着大生纱厂轴心运转并为其服务。例如，广生油厂利用纱厂轧花棉籽榨油自用，大隆皂厂利用油厂"下脚"制造皂烛，大兴面厂利用纱厂剩余劳动力磨粉以供浆纱与食用，资生铁厂最初专为纱厂修理机件，大达轮船公司、船闸公司主要是为纱厂提供运输条件，而染织考工所实际上就是促使大生纱厂向纺、织、染全能企业发展的实验室，如此等等。到辛亥革命前夜，已经初步形成了一个颇具规模的大生资本集团。

大生资本集团正处于鼎盛时期，但是它和整个民族近代工商业一样，缺乏比较有利于长期繁荣与相对稳定的社会环境，因而在迅速发展的过程中就已经孕育和滋长着衰落的危险。1921年，张謇兴致勃勃地筹备在次年举办南通地方自治25年报告会，同时借以庆祝他自己的70大寿，7月1日成立了报告会的筹备处，并且正式报请北京政府备案，打算邀请"各省、各县、各公司"以至英、美、德、法、日、葡、奥各国，选送农、工、林、矿、商各种物品材料到南通来陈列展览。他满心指望"各县、各省、各国、各世界之人士，因南通有此创举，闻声麇至"，但就在一切"规划略备"之际，一场台风暴雨大灾突然降临，接着又是连续4天的"疾风盛雨"。正巧又碰上秋潮大汛汹涌而来，于是通海一带外江内河同时泛滥成灾，各方面的损失都极为严重。水利本来是张謇推行地方自治最为得意的大手笔之一，可是老天爷偏偏在这个节骨眼上跟他过不去。张謇不得不叹息说，如此非常之灾不能有效抵御，"宁得谓自治？宁堪报告？"因而立刻决定把报告会推迟5年举行。

4. 重视民族工业，兴办职业教育

发展民族近代工业需要科学技术，这又促使张謇热衷于兴办新式学堂，而最致力于师范教育。他曾在《师范学校开校演说》中说："欲求学问而不求普及国民之教育则无与，欲教育普及国民而不求师则无导。故立学校须从小学始，尤须先从师范始。"因此，他于光绪二十八年（1902）创办通州师范学校，这是清末第一所中级师范学校。同时，他还创办了通州女子师范学校。光绪三十年（1904）设立"通州五属学务处"，作为统筹推广新式教育的办事机构，并陆续兴办了一批小学和中学。

张謇十分重视职业教育，为此做出了很多努力。在通州示范学院增设了很多科目，其中包括蚕桑、测绘、农、工等科，这些学科后来发展成为十几所单独的职业学校。其中以纺织业、农业、医学三校成绩最为显著，以后各自扩充为专科学校，1924年更合并为南通大学。此外，张謇在外地还先后参与或协助创办了复旦学院、吴淞中国公学、南京高等师范、南京河海工程学校等大专院校。

社会教育是张謇比较重视而且做出成就的又一方面。光绪三十一年（1905），国内第一所博物院在江苏通州建立，后又陆续建立了图书馆、更俗剧场、伶工学社等，这些在当时都是没有的，是新鲜事物。伶工学社废除旧有的体罚恶习，在课程、教材和管理制度等方面进行了革新。更俗剧场的舞台只能演员在台上演出，闲杂人等一概不能出现，台下禁止乱扔东西，确实起了移风易俗的作用。

张謇的性格是极为坚强的,困难与挫败并未使他流于消极。尽管资金已经十分拮据,但他仍然继续尽力扶持南通教育事业的发展,资助地方各种公益事业,帮助中国科学社成立并创建实验室,在本地修建多处体育场与公园,亲自参加一年一度的全县运动会……

张謇的一生兢兢业业、永无止境的追求,是勤劳的一生。他的精力固然是有限度的,但他的追求却是永无止境的。他所做的正如他自己所说的:"謇营南通实业教育二十余年,实业教育大端粗具。言乎稳固,言乎完备,言乎发展,言乎立足于千百余县而无惧,则未也。实业未至人尽足以谋生,户尽不至乏食;教育未至乡里学龄儿童什七八有就学之所,儿童长成什五六有治生常识,未足云大数。謇方目计之,心营之。而年日以长,力日以薄,智能日以绌,未知观成何日也。"(张謇著,文明国编:《张謇自述》,安徽文艺出版社,2014年版)他正是带着这种自责自励的悲壮心情走完了人生的最后一段旅程。

张謇的晚年是在军阀混战中度过的,他"慨世乱之未已,悲民生之益穷",曾赋长诗以寄孤愤。结尾几句是:"吁嗟吴与越,动受四面牵。幸哉一隅地,假息得苟全。太平在何时?今年待明年。呜呼,覆

巢之下无完卵,野老洒泪江风前。"(《张季子九录·诗录》)

1926年,张謇已是73岁高龄,在他生命的最后几个月中,仍然十分忙碌。2月,规划并视察女子师范学校修建工程。3月,以9900元购置沙田,作为男女两师范的校产。4月,参加女子师范学校20周年纪念会并发表演说,又视察垦牧水利工程。5月,参加各公司董事会,参与通海官绅会勘县界,还为火柴联合会向江苏省府进言。6月,视察南通各处沉簰(保护江岸)工程。由于时当盛暑,加之过分劳累,张謇从8月1日起发烧,但第二天清早还是偕同工程师视察江堤,规划保圩工程。7日,病势渐重,他才开始请医生诊治。21日以后,病情更加危急。24日中午,这位为发展近代实业、教育奋斗了一生的老人,终于闭上了眼睛。他在临终之际没有任何言语,事先也没有留下任何遗嘱。可想而知,他所要做的事情还有很多很多,可惜生命有限,他是怀着终天之恨离去的。

张謇的出葬是在同年12月5日,殓服内衣是用大生纱厂所织的南通大布制作的。出葬之日,寒霜凝素,执绋送葬者达1万人以上。柩车经过之处,沿途乡民都为之感伤嗟叹不已。墓地不铭不志,只在墓门横石上题曰:"南通张季直先生之墓阙。"张謇热爱南通,南通怀念张謇,张謇与南通已经紧紧连在一起,直到今天我们在南通各地仍然可以感觉到他的存在。

延伸阅读

近代证券交易市场的出现

证券交易所是长期资金市场,它的对象有股票、债券和公债。中国证券的出现较晚。19世纪70年代,洋务派官僚通过在上海市场上发行股票,筹措所办民用企业的资金,市面上才出现了证券的买卖活动。

1882年,成立的上海股票平准公司是最早的证券交易机构。1892年,外国人在上海设立中国境内最早的交易所——上海股份公所。1906年,外国人设立上海众业公所,从事证券和物品的投机交易。1913年,上海成立股票商业公会。1913年,民国政府召集全国工商界大资本家在北京开会,讨论在全国设立交易所事宜。次年公布证券交易所法。1914年,上海机械面粉公会附设贸易所,从事面粉的现货和期货交易。同年秋,上海华商成立股票商业公会,每日上午9时至11时聚会买卖,上市股票有20余种,可进行现货和期货交易。从此改变了由外商独占证券买卖的局面。

上海金业组织金业公所,其中黄金交易已订有较为完备的规划。1918年,北平证券交易所成立,以经营股票、债券为主,兼做外币交易。它是中国人设立的最早交易所。此后,出现了公债、证券的期货交易。该年冬天,日本又在上海设立上海取引所(交易所在日本称为"取引所"),这一举动使上海工商界无法忍受。于是上海的一批交易所发起人从沉寂中活跃起来,加紧筹备工作。

1919年6月,民国政府批准成立上海交易所,它有兼营证券和物品的特权。1920年7月,正式成立上海证券物品交易所。它除经营证券外,还经营金银、皮毛、花纱布、粮油等7种物品。交易所资金500万元,半年之间盈余50多万元。其他交易所盈利也颇丰。物品期货市场形成雏形。

1921年5月,民国政府颁布《物品交易条例》,对商品期货交易的有关事项做了规定。同年批准成立天津证券、花纱、粮食、皮毛交易所股份有限公司。该年,商品期货交易与证券期货交易投机达到高潮,华商证券交易所、上海面粉交易所、铁皮交易所、杂粮油饼交易所、华商棉花交易所等纷纷成立。至夏秋之交,上海的交易所达136家。由于交易所和信托公司畸形发展，助长投机。在投机分子的操纵下，股票价格飞涨，投机盛行，市面资金紧缺，银行和钱庄遂收缩银根，造成许多信托公司和交易所倒闭（"信交风潮"），全国能营业的证券交易所只剩下3家。

证券市场的出现，本是反映资本主义工业的发展和股份制企业的增多，反映现代企业对社会资金的需要，证券市场可以集中闲置分散的资金转化为工矿交通业的投资，促进工矿业的发展。但在投机风的打击下，百姓对股票与债券失去信任，交易疲软。商品期货交易也处于低潮。1929年10月，国民党政府颁布《交易所法则》，1930年颁布《交易所法则施行细则》，同时依法加强了对交易所的管理。全国证券市场和期货交易重新活跃。

1933年6月1日，根据《交易所法则》，上海证券物品交易所并入华商证券交易所，后者成为上海统一证券市场。北京交易所因政权南移而衰落。

中国自由主义思想之父——严复

严复（1854—1921），原名宗光，字几道，福建侯官（今福州市）人，中国近代著名的翻译家、教育家、新法家代表人。曾先后在福建船政学堂和英国皇家海军学院学习，还担任过京师大学堂译局总办、上海复旦公学校长、安庆高等师范学堂校长，清朝学部名辞馆总编辑。在李鸿章创办的北洋水师任教，是培养中国近代第一批海军人才的教员。他还翻译了《天演论》，"信、达、雅"的翻译标准就是他提出来的。他创办了《国闻报》，系统详细地介绍西方的民主和科学运动，宣传维新变法思想，将西方的社

严复

会学、政治学、政治经济学、哲学和自然科学传播到中国。严复是清朝末期极具影响力的资产阶级启蒙思想家，是中国近代史上向西方国家寻找真理的"先进的中国人"之一。

1."开北方风气之先"，执教北洋水师学堂

同治五年（1866），严复的父亲去世，他放弃考试科举，第二年便进入了福州船政学堂学习驾驶技术。到了同治十年（1871），严复毕业，是该学堂第一届学生，先后在"建威""扬武"两舰实习了5年时间。光绪三年二月（1877年3月），严复去英国学习海军，并结识了出使英国大臣郭嵩焘。光绪五年五月（1879年6月），严复在伦敦格林尼治的皇家海军学院毕业，回国后担任福州船政学堂教习的职务。光绪六年（1880），到天津任北洋水师学堂所属驾驶学堂"洋文正教习"。

在北洋水师学堂执教这段时间，严复的西方现代海军管理思想和教学理论深深启发了学生。严复工作认真、教育教学工作管理有方，他的职务一直升到了总办（校长）。

严复任总办时，北洋水师学堂曾经被誉为"实开北方风气之先，立中国兵舰之本"。北洋水师学堂是一所新式海军学校，短短20年间就培养了大量的人才，

如民国大总统黎元洪、南开大学校长张伯苓以及北洋大学教务提调王劭廉、著名翻译家伍光建等，都曾是北洋水师学堂的学生。倒是严复自己，对弟子们的评价有些苛刻："复管理十余年北洋学堂，质实言之，其中弟子无得意者。伍昭扆（光建）有学识，而性情乖张；王少泉（劭廉）笃实，而过于拘谨。二者之外，余虽名位煊赫，皆庸才也。"（黄克武著：《中国近代思想家文库·严复卷》，中国人民大学出版社2014年版）光绪二十六年（1900），八国联军侵华，入侵天津，这所倾注了严复20多年心血的北洋水师学堂被炮火毁灭。严复由此受到了极大的打击，被迫由天津迁居到上海。

2. "鼓民力、开民智、新民德"，鼓吹教育救国论

严复虽然在北洋水师学堂被李鸿章重用，但政治上，由于李鸿章等洋务派名为推行新政，实则与封建主义、帝国主义双方面妥协的本质，李鸿章对严复并不真正信任。同时，严复对以李鸿章为首的洋务派也不满意。他不相信李鸿章所举办的洋务事业能救中国，认为他们所谓的"富国强兵"之道，根本无法解决中国的现实问题。他始终认为，必须从政治制度与思想观念上效法西洋，才能致中国于富强，免于灭种亡国（参见董小燕著：《严复思想研究》，浙江大学出版社2006年版）。

中日甲午战争，我国惨败，一个泱泱大国不仅败给了一个小国，还被迫签订空前屈辱的《马关条约》。从此，帝国主义列强更加疯狂地侵略中国，每一个爱国人士都在想着如何救亡图存，同时这些屈辱也给严复带来巨大的心灵创痛，在没有政治实力、无法实现其救国主张的情况下，严复以译著的方式来达到警世的目的。他先后在天津《直报》发表了《论世变之亟》《原强》《辟韩》《救亡决论》等文，主张变法维新、武装抗击外来侵略。

严复是一个维新派思想家，他反对顽固保守、力主变法。他在文章中不仅阐述了维新的必要性、重要性、迫切性，而且以一己之力翻译了英国生物学家赫胥黎的《天演论》，提出了"物竞天择、适者生存""时代必进，后胜于今"，以此作为救亡图存的理论依据，这在当时给了很多人以思想上的冲击。它带来的巨大社会反响，令严复始料未及，维新派领袖康有为见此译稿后，发出"眼中未见有此等人"的赞叹，称严复"译《天演论》为中国西学第一者也"。

《天演论》英文书名直译应为《进化论与伦理学》。当时英国社会稳定，经济繁荣，自然科学空前发展，各种思想、文化先后出现。达尔文、赫胥黎、斯宾塞等人的思想学说开始风行英国。他们的书中秉持的观点是：大自然不会一成不变，它是不断进化的，而进化的原因归纳起来就是：物竞天择。这是指在大自然中各种生物会进行各种生存斗争，而生存下去的途径就是自然选择。达尔文的《物种起源》最早提出进化论学说，赫胥黎坚持并发挥了这一思想。

在翻译《天演论》时，严复并不是纯粹的直译，而是在翻译的基础上添加自己的评论。他把《天演论》导论分为18篇、正文分为17篇，分别冠以篇名，并对其中28篇加了按语。他在阐述进化论的同时，联系中国的实际，向人们提出不振作自强就会亡国灭种的警告。严复在按语中指出，大自然中，不管是动物还是植物，都存在"优胜劣汰，适者生存"的规则，人类亦然。面对当时中国的民族危机，严复尖锐指出，中国再也不能不看实际地妄自尊大，而应该通过努力，改变目前弱者的地位，变为强者。

戊戌变法后，他又翻译很多著作，包括西方资产阶级哲学社会科学学说以及自然科学著作，是一个资产阶级启蒙思想家。严复将达尔文进化论和斯宾塞的庸俗进化论作为自己政治思想的理论基础，这也是他教育思想的理论基础。在《原强》中，严复提出决定一个国家的强弱存亡的三个基本条件：一为血气体力之强，二为聪明智慧之强，三为德性义仁之强。他幻想通过资产阶级的体、智、德三方面教育增强国威。"是以今日要政统于三端：一曰鼓民力，二曰开民智，三曰新民德。"所谓"鼓民力",就是全国人民要有强健的体魄,杜绝鸦片和缠足陋习;所谓"开民智",主要是以西学代替科举;所谓"新民德",主要是废除专制统治,实行君主立宪,倡导"尊民"。严复要求维新变法,却又主张"惟不可期之以骤"。"除而不骤"要运用教育的方法来实现,就是在当时的中国,如要实行君主立宪制,必先开民智,总之,"教育救国论"是严复的一个突出思想特点。

严复疾呼必须实行变法,否则必然亡国。而变法最当先的是废除八股。严复在《救亡决论》中历数八股的危害:"夫八股非自能害国也,害在使天下无人才,其使天下无人才奈何?曰:有大害三":"其一害曰锢智慧""其二害曰坏心术""其三害曰滋游手"。严复主张多办学校,他曾论述西洋各国重视教育,对"民不读书,罪其父母"的强行义务教育表示赞赏。因为中国民之愚智悬殊,自然不能胜过人家。基于这种思想,严复对办学校是积极的。他除亲自总理北洋水师学堂长达20年外,还帮助别人办过学校,如天津俄文馆、北京通艺学堂等。严复要求建立完整的学校系统来普及教育,以"开民智"。他根据资本主义国家的制度,提出中国的学校教育应分3段的计划,即小学堂、中学堂和大学堂。小学堂的入学儿童应在16岁以前;中学堂吸收16岁至21岁文理通顺、有小学基础的青年入学；大学堂应当学习3—4年，接着进入专门学堂进行分科的专业学习。同时，选拔学习好的聪明人送出国留学，以造就人才。

此外，妇女教育是严复提出的另一方面。当时上海经正女学的创办受到了严复的极大赞赏，他认为这是中国妇女摆脱封建礼教的开始，同时是中国妇女自强的开始。他以救亡图存为目的，认为妇女自强"为国致至深之根本"。他还主张妇女应和男子享受同等的权利，也可以读书、上学，参加社会活动，否则就无意义可言。很显然，他是将妇女置于整个社会变革，特别是妇女自身解放的前提下来考虑的，所以他十分强调女性应该参加社会活动，这对女学堂学生有非常重要的意义，这也是他对妇女教育理解的与众不同之处。

3. 提倡西学，"以自由为体，以民主为用"

要维新，就要结合本国的实际情况，学习西方的一些先进经验，因此，严复高举西学旗帜，从学术角度对中国的"旧学"进行了理论批判。他主张：在对中学和西学进行对比的基础上，运用自然科学经验归纳的方法，对"旧学"的哲学认识论和方法论，以及"旧学"的主要内容，包括宋学义理、汉学考据和辞章等加以全面的否定，同时将西方经济、学术等思想理论大致系统地介绍进来（参见吴蔚蓝著:《严复传》，北京时代华文书局出版社2016年版）。

严复提倡西学，对洋务派"中学为体、西学为用"的观点持反对意见。他在《论世变之亟》中不止一次地将中学与西学作比较："中国最重三纲，而西人首言平等；中国亲亲，而西人尚贤；中国以孝治天下，而西人以公治天下；中国尊主，而西人隆民……其于为学也，中国夸多识，而西人恃人力。"总之，西学"于学术则黜伪而崇真"。他还指出"中国之人好古而忽今，西之人力今以胜古"，"古之必敝"。所以他说就算是远古祖先尧、舜、孔子生活在今天，想必也是要向西方学习的。要救中国必须学西学和西洋"格致"："盖非西学，洋文无以为耳目，而舍格致之事，则仅得其皮毛。"（严复:《救亡决论》）他认为"中学有中学之体用，西学有西学之体用，分之则两立，合之则两止"（严复:《论世变之亟》）。他认为应做到"体用一致"，"体用一致"需在政治上进行改革，提出"以自由为体，以民主为用"（严复:《原强》）的资产阶级教育方针。

从"体用一致"的观点出发，严复具体规定了所设想的学校体系中各阶段的教学内容和教学方法。在他的观点中，小学阶段的主要教育目的是使儿童能"为条达妥适之文"，"而于经义史事亦粗通晓，"因则"旧学功课,十当其九",还用通俗易懂的文字翻译了西学中"最浅最实之普学",作为辅助读物。在教学方法上,多讲解,减少记诵的功夫。中学阶段应以"西学为重点","洋文功课居十分之七,中文功课居十分之三",并且规定"一切皆用洋文授课"。在高等学堂阶段,主要学"西学",至于"中文",则是"有考校,无功课;有书籍,无讲席,听学者以余力自治力"。他认为,对青少年应引导他们分析,学一些专深的知识,这样才能学有所用。严复西学观中的另一个重要方面是科学方法问题。在他翻译的《穆勒名学》(形式逻辑)中,积极对"名学"作宣传介绍。他认为归纳和演绎是建立科学的两种重要手段。我国几千年来,"演绎"不少,而缺少"归纳",这也是中国"学术之所以多诬,而国计民生之所以病也"的一个原因。严复更重视归纳法,提倡"亲为观察调查",反对"所求而多论者,皆在文字楮素(纸墨)之间而不知求诸事实"。他曾用赫胥黎的话说:"读书得智,是第二手事。唯能以宇宙为我简编,各物为我文字者,斯真学耳。"(马勇著:《盗火者:严复传》,东方出版社2015年版)

4. 严复的"自由主义":"众乐"是最大的善

西方的"自由主义"的传统源远流长,最早可以追溯到古希腊人反对强制与尊重个人选择的自由意识。到了17世纪以后,经过英国革命以及洛克等人的提倡,它成了一种具有广泛影响力的世界思潮。在中国近代,严复是比较全面地介绍与引进西方自由主义思想的第一人。严复的思想成就,主要有两类:一类是他自己的论文;另一类是他翻译的一系列西方名著,其中第二类占主要部分。在严复一生所翻译的170多万字的西方著作中,不仅有古典政治、经济、社会学说,还有哲学和自然科学方面的学说,里面都有涉及"自由主义"的论点,而且约有1/10的内容是他自己撰写的按语,它们或对一些名词和事物做诠释;或对原书的一些论点和观念做补充与纠正;或对国内外实际问题提出见解,突出地反映着严复的政治倾向,强烈地表现了他的政治态度和主张。

严复在价值观上高度肯定了西方文化并对中国文化许多落后观念加以否定,他是中国近代史上第一个敢于持这种态度的人。他认为,西方不仅在物质上高于中国,精神层面也同样高于中国。他认为西方精神文明集中体现了对"个人自由"的重视。

其中严复在《论世变之亟》中说:"故人人各得自由,国国各得自由,第务令毋相侵损而已……而其刑禁章条,要皆为此设耳。"这是指个人自由应采取国家立法的形式予以保障;反过来说,保护个人自由才是建立法制的目的。个人自由在政治关系与法权上的基本含义就是"法律面前人人平等"。在此意义上,严复将西方的"法治"区分为"有法"与"无法"两个层面。"有法"方面,是指西方规章制度严密,人人守法、遵法,按法律制度办事,严格遵守法律条文。这是与"人治"相对立的"法治"。

严复的《辟韩》最能体现其社会与政治思想。其主要内容是批驳韩愈《原道》中"圣人创制"的观点。在严复看来,这就是为君主专制政治辩护的理论。于是,他从三个方面进行了辩驳,正面阐述自己的政治思想理论。

首先,他认为韩愈弄错了政治制度起源之事实。君臣之伦出于不得已,基于"通功易事"的原则。也就是说,在君臣关系形成之前,人类社会中就有习惯法或自然法的存在,它们保证了人类基本生存的需要及使人类社会得以延续;只不过后来为了更好地组织社会生活,人们才制定和发展出较为明确和正式的政治制度。

其次,君臣刑兵之设皆缘"卫民之事",而并非像韩愈所说的那样是"君出令、臣行令、民事上"。韩愈恰恰把主仆关系给颠倒了。严复在《辟韩》中解释君主的起源时说,人们基于"通功易事,择其公且贤者,立而为之君。其意固曰,吾耕矣织矣,工矣贾矣,又使吾自卫其性命财产焉,则废吾事。何若使子专力于所以为卫者，而吾分其所得于耕织工贾者，以食子给子之为利广而事治乎？此天下立君之本旨也"。

最后，政治制度的设立既基于"通功易事"原则，便不应烦民扰民。他说："知民所求于上者，保其性命财产，不过如是而已。更骛其余，所谓'代大匠斫，未有不伤指'者也。"（《皇朝经世文新编》卷十八）这里表达了他对政府的权力太大，将会构成对公民的个人自由的威胁的看法。

在对韩愈的君权理论严加驳斥的同时，严复还对中国自秦以后两千多年的封建政治进行了尖锐的揭露和抨击。从这个意义上，严复得出了要使国家强盛，必须予民以自由的结论。他强调人民的自由与国家的自由、民权与国权之间的一致性。

严复认为，建立维护个人自由的法制，可以造成一种民富国强的局面。民富而后可国强，这是严复探讨国家富强的一个基本原则。他在讨论国家富强问题时说过如下一句话："夫所谓富强云者，质而言之，不外利民云尔。"（严复：《原强》）这一思想使严复在考虑国家经济改革问题时，很自然会注目于西方放任主义的自由主义经济理论。

严复对亚当·斯密《原富》一书的经济思想十分认同，他认为这不但是导致英国富强的秘密，更重要的是贴合中国的情况。以"自由贸易"政策为例，严复认为,"自由贸易非他,尽其国地利、民力二者出货之能,恣贾商之公平为竞,以使物产极于至廉而已"。这种自由贸易政策不仅可以使"物产极于至廉"而有利于民生,还最终利国又利君,原因在于"盖国之财赋,必供诸民,而供诸民者,必其岁入之利,仰事俯畜之有所余,而将弃之以为盖藏也者。是故,君上之利在使民岁进数均,而备物致用之权力日大"。而要使民富,还需贸易自由,以俾"凡日用资生怡情浚智之物,民之得之,其易皆若水火"(严复译:《原富》)。反之,凡是与自由贸易经济思想相违背的政策,如"贸易相养之中,意有所偏私,立之禁制"(严复译:《原富》)等等之事,国家的必不会繁盛。所以,严复认为自由贸易政策实是民富国强的关键。

与贸易自由相联系,亚当·斯密的放任主义经济思想的另一重要内容是反对国家对社会经济活动的随意干预,强调市场经济的自发调节作用。严复对亚当·斯密的这一经济思想极表赞同。总之,无论是在提倡自由贸易还是反对政府对经济活动的干预上,严复都同亚当·斯密的思想十分接近。

严复的放任主义的经济思想是以其功利主义的伦理观点为依据的。功利主义,在近代西方为边沁、穆勒等人所提倡。它的基本原则有二:一是视"快乐"为"善",一是注重实际效果。就前者说,它与注重普遍原则的义务论伦理观相反对；就后者说，它与重视动机的伦理学说相反对。严复认为，人们纵使在何者为苦、何者为乐的问题上看法会有不同，但终究无法推翻"人道所为，皆背苦而趋乐"这一快乐原则。而按照功利主义的看法，最大的善应是"众乐"而非"自乐"。

但是，也不能因此得出结论说，严复在强调"众乐"的同时就取消了"自乐"。实际上，其伦理思想的根本特色，是在论证"众乐"与"自乐"之间，就是社会利益和个人利益之间的一致性。在他看来，民主政治的真谛固然在于保障个人自由，而保障个人自由，实质上就是维护每个人生而具有的追求私利的权利。从而达到从效率原则出发，"合天下之私以为公"的目的。

关于思想自由与言论自由的观念，是严复一生对西方自由主义最为得力的宣传。为强调思想自由，他翻译了穆勒的《论自由》一书。与他的其他译著相比，这本书是唯一没有加添按语，采取严格直译的译作，这表明了他对穆勒此书观点的颇大程度上的赞同。

值得注意的是，严复认为，穆勒关于思想、言论自由的提法虽是针对立宪政治已经确立情况下的西方社会，而其中所包含的维护个人自由的观念却具有普遍意义，所以他从个体主义的价值观念出发，指出："穆勒此篇，本为英民说法，故所重者，在小己国群之分界。

然其所论，理通他制，使其事宜任小己之自繇，则无间君上贵族社会，皆不得干涉者也。"（严复译：《群己权界论》）

然而，使严复对穆勒《论自由》一书发生极大兴趣的，除了其中贯穿着维护个人自由这一自由主义的基本原理之外，还同书中为维护思想、言论自由所作的论证有关。

由上述可见，严复的自由主义思想十分丰富，它包括政治理论、经济思想、伦理学说以及社会价值观等各个方面的内容。严复介绍和引进的主要是西方近代古典自由主义的思想理论，就其思想的广度和深度说，不仅为他的同时代人所莫及，连后来者也罕有其匹。严复的思想理论不是西方近代自由主义的简单翻版，而是他综合了西方古典自由主义各派理论之后，再结合中国近代社会历史条件进行的一种创造。严复的自由主义思想在中国近现代的思想舞台上产生了持续而深远的影响。20世纪中国的自由主义思想家们虽然仍旧会从西方引进各种自由主义的思想理论，但无一能绕过严复的思想。从此意义上说，严复堪称"中国自由主义思想之父"。

严复翻译了众多西洋学术著作，包括《天演论》，由此成为近代中国开启民智的一代宗师。离开北洋水师学堂后，严复先后出任安徽高等学堂监督、复旦公学和北京大学等校校长，将教育救国作为自己的责任。辛亥革命后，他因党附袁世凯，卷入洪宪帝制，为世人诟病。1920年，严复因哮喘病赴福建避冬。1921年10月27日在福州郎官巷住宅中去世，终年68岁。康有为称赞严复是"精通西学第一人"。毛泽东曾称赞他是"中国共产党出世以前向西方寻找真理的一派人物"之一。李克强总理也曾这样说："每个中国人都应该记住严复。严复学贯中西，是第一批'放眼看世界'的中国人。他向国人翻译介绍西学，启蒙了几代中国人，同时又葆有一颗纯正的'中国心'。"

维新变法的精神领袖——康有为

康有为（1858—1927），又名祖诒，字广厦，号长素，又号明夷、西樵山人等，广东省广州府南海县人，出生于官僚家庭，光绪年间中进士，官至工部主事。中国晚清时期资产阶级改良主义的代表人物，近代著名的政治家、社会改革家、教育家。光绪二十一年（1895）得知《马关条约》签订，发动了震惊中外的"公车上书"。光绪二十四年（1898）主导"戊戌变法"，失败后逃亡日本，自称持有皇帝的"衣带诏"，组织保皇会，反对革命。辛亥革命后，他保皇反共和，一直筹谋让溥仪复位。1917年，康有为和张勋拥

康有为

护溥仪登基，不久即失败。1927年于青岛病逝。著有《康子篇》《新学伪经考》《孔子改制考》等作品。

1. "拒和、迁都、变法"，发起公车上书

咸丰八年（1858）二月初五，康有为出生在广东省南海县丹灶苏村。康有为最早师从其祖父康赞修，从小学习儒学。18岁便拜师有名学者朱次琦。

光绪五年（1879），康有为开始接触西方文化。22岁，他离开老师朱次琦独自去西樵山白云洞读书，浏览了顾炎武的《天下郡国利病书》、顾祖禹的《读史方舆纪要》等，这些都是经世致用的书籍。同年，他游历香港，打开了认识西方新世界的大门，眼界大开。后来又仔细阅读了《海国图志》《瀛环志略》等书，"购地球图，渐收西学之书，为讲西学之基矣"（康有为:《诸天讲》）。这一年是康有为由中学转向西学的重要开端。

光绪八年（1882），康有为到北京参加考试，未中。在回乡途中到上海购书，进一步了解到许多西方资本主义的事物。经过仔细阅读，康有为逐渐认为西方的资本主义制度比中国的封建制度先进。后来中国又遭帝国主义侵略，再加上清朝统治者的腐败，更激起了年轻有为的康有为心中的救国之火。随着对西方了解的深入，康有为立志要学习西学以挽救濒临危亡的中国。

光绪十四年（1888），康有为再次回京参加顺天乡试，借机第一次上书光绪帝，请求变法，但"未达圣听"。同年9月，他再次上书，提出了"变成法、通下情、慎左右"3条主张。

光绪十七年（1891），康有为开办万木草堂学馆，聚众讲学。后以尊孔名义写了《新学伪经考》和《孔子改制考》，为变法运动创造舆论环境。

光绪二十年（1894），康有为编写《人类公理》，经多次修补，最终定名《大同书》，而后发表。内容描述世间的种种苦难，并给人们塑造了一个无私产、无阶级、人人相亲、人人平等的人间乐园。他所描述的是一个虚幻的不切实际的乌托邦，这当然是荒谬的。

为变法作了许多的理论宣传后，光绪二十一年至二十四年（1895—1898），康有为开始实践变法。光绪二十一年（1895）三月，各省举人正在北京参加会试，忽听政府同意签订丧权辱国的《马关条约》，都大为愤慨。康有为立刻起草了一份18000多字的上皇帝书，联合各省举人集会，通过了这个万言书。

这就是震惊中外的"公车上书"。康有为在上书中强烈主张"拒和、迁都、变法"，请求皇帝"下诏鼓天下之气，迁都定天下之本，练兵强天下之势，变法成天下之治"。康有为在这次会试中中了进士，被任命为工部主事。后康有为又多次向皇帝上书。对康有为提出的建议，光绪帝很受触动。康有为在上书中从政治、经济、文化教育等几个方面阐述了自己的变法思想和见解。

2. 鲁莽、激进，百日维新惨遭失败

光绪二十四年（1898）阳历6月16日，光绪帝在颐和园召见康有为，并任命他为总理衙门章京，允许专折奏事，积极筹备变法相关事宜，史称"戊戌变法"。最初，在康有为的主持下，光绪帝推动了一系列的改革。康有为的奏折包含对政治、经济、军事、文教等各方面的建议，光绪帝颁布的诏令具体内容包括：经济上，设立农工商局、路矿总局，提倡开办实业；修筑铁路，开采矿藏；组织商会；改革财政。政治上，广开言路，允许士民上书言事；裁汰绿营，编练新军。文化上，废八股，兴西学；创办京师大学堂；设译书局，派留学生；奖励科学著作和发明（陈半思著：《戊戌变法》，北京时代华文书局出版社2016年版）。这些革新政令，目的在于学习西方文化、科学技术和经营管理制度，发展资本主义，建立君主立宪政体，使国家富强。只是他们追求的是不改变封建制度的中国资本主义。

新政措施虽然对封建统治者的政权稳固性影响不大，但它毕竟代表着新兴资产阶级的利益，这令封建

顽固势力大为不满。光绪皇帝刚刚宣布政令第五天,慈禧太后就迫使光绪皇帝连下三道谕令,控制军权想要发动政变。维新变法期间,政府中的守旧派不能容忍维新运动的发展,便上书要杀了康有为,甚至要废除皇帝。而维新派手中无实权,光绪皇帝给康有为等人的密诏中说:"朕位且不能保,何况其他?"(《光绪大事汇鉴》第九卷)康有为等人收到消息后,决定搭救皇帝,实施兵变,包围颐和园,迫使慈禧太后交出政权。光绪二十四年(1898)阳历9月21日凌晨,慈禧太后突然赶回紫禁城,将光绪皇帝囚禁于中南海瀛台;然后发布训政诏书,再次临朝"训政","戊戌变法"失败。

经考证,光绪皇帝收到的奏折,要呈给慈禧审阅,在清宫档案中均有详细记录,因此慈禧对变法内容了如指掌。如果不是维新派一些人士鲁莽提出一些不合实际的激进策略,戊戌变法怎么会只持续了短短103天?慈禧觉得受到威胁,这才发动政变阻止变法。

变法期间,康有为撰写了《日本书目志》和《日本变政考》两部有关明治维新史的专著。《日本书目志》是光绪二十三年(1897)冬由上海大同译书局出版;《日本变政考》是光绪二十四年(1898)进呈光绪帝御览。据日本学者研究,康有为对明治维新的史实有不少的捏造,其目的是借此为中国当时变法服务。

3. 鼓吹君主立宪的思想主张

康有为的《大同书》是他于光绪二十八年（1902）避居印度时所作，但其酝酿大同理想的时间可能早于光绪十年（1884），那时他撰成的《礼运注》中就提出大同理想。次年"手定大同之制，名曰《人类公理》"。这是被称为《大同书》的最早雏形本。完整的《大同书》成书时间较晚，这是"百日维新"失败后，康有为逃亡海外，周游西方列国，一次一次修改、补充，到了1913年，首次刊发于《不忍》杂志，而且只选载了甲、乙两部分，完整的《大同书》，直到1935年，康有为去世8年后，经弟子的整理，由中华书局出版。

《大同书》共分10个部分。甲部为"入世界观众苦"，提出人间多难，应破除九界归"大同"。以下9部分分述破除九界问题，其各部标题依次为：去国界合大地、去级界平民族、去种界同人类、去形界保独立、去家界为天民、去产界公生业、去乱界治太平、去类界爱众生、去苦界至极乐。《大同书》把公羊三世说、《礼运》中的大同小康说、佛教的慈悲为怀、卢梭的天赋人权、耶稣的平等博爱自由说糅和一起，构想一个无阶级、无私产、无家无国、人人平等的大同世界。

康有为撰写的《大同书》集中体现了他的社会理想，

而君主立宪就是他的政治主张。康有为是19世纪末向西方寻求真理的代表人物，主张用变法使中国走上资本主义的道路，主导了戊戌变法。

中国的封建制度在戊戌变法以前已经有4000余年的历史。封建制度下的中国不能说是没有法，也不能说是"依法治国"，因为法出自君主，而且权高于法，能拘束臣民而约束不了君主。当西方的资产阶级民主共和国相继建立，自由、平等的人权概念在19世纪传入中国时，中国仍然是个君权至上的社会。康有为第一次提出了包含限制君权意义的法律概念，即宪法。

康有为主张君主立宪，反对君主专制政治。在变法前，他倡导集权制的君主立宪，有些类似于日本。但是变法后，他又主张类似于英国的虚位君主。戊戌变法时期，他认为"变法"应"以俄国大彼得之心为心法，以日本明治之政为政法"（康有为：《应诏统筹全局析》）。前者强调其自上而下的改革方式，后者指明日本明治维新后所确立的君主立宪制。

在康有为之前，中国有"民本"思想而无民权思想。康有为学习西学，吸收了西方自由主义的民权观，强调公民自治和地方自治。

康有为提出："中国地方之大病在于官代民治，而不听民自治"，"立法之意但以为国，非以为民，但求不乱，非以求治。有大官而无小官，有国官而无乡官，有国政而无民政,有代治而无自治"(《新民丛报》)。

由于缺乏成熟的阶级力量的支持,以康有为为代表的改良派对西方的立宪政治也缺乏价值上的深刻认识。而时代的局限性同样限制了康有为对西学的认识,他还不能将资产阶级的民主政治与封建的开明政治严格区分开来。

康有为是参与"戊戌变法"的重要人物之一,但是,在"戊戌变法"失败以后,康有为的政治思想却倒退到反对民权、膜拜君权的立场,最终堕落为保皇党,成了社会前进的绊脚石。

光绪二十四年(1898)阳历9月21日,慈禧太后宣布"临朝听政",名存实亡的光绪帝已被软禁。9月20日,康有为携仆人李唐出逃北京,他们先后逃亡到香港,又转日本、美国、欧洲,自称持有皇帝的衣带诏,组织保皇会,鼓吹开明专制,反对革命。他游历各国,会见欧洲各国君主,以获得国际支持。到1913年逃亡海外已有16年,康有为先后游历美、英、法、意、加拿大、希腊、埃及、巴西、墨西哥、日本、新加坡、印度等30多个国家和地区。

辛亥革命后,1913年,康有为回国,在杂志《不忍》担任主编,宣扬尊孔复辟。康有为始终主张保皇,流亡海外时拒绝与孙中山合作,反对共和制,一直筹划废帝溥仪复位。

1923年,康有为迁居青岛汇泉湾畔。初居青岛时,本打算兴建大学,已拟好大学章程,后来没有实现。晚年,康有为为青岛的优美风光作诗,其不少诗词刻石已成为崂山景点的组成部分。

1927年3月21日,康有为于青岛病逝。

延伸阅读

"三民主义"与辛亥革命

光绪三十一年(1905)阳历8月20日,中国同盟会在日本东京成立,孙中山被推举为总理,黄兴被任命为执行部庶务,协助总理主持工作。这是近代中国第一个领导资产阶级革命的全国性政党,它的成立标志着中国资产阶级民主革命进入了一个新的阶段。

光绪三十一年(1905)阳历11月,同盟会创办机关刊物《民报》,孙中山在《<民报>发刊词》中,将同盟会的16字纲领"驱除鞑虏,恢复中华,创立民国,平均地权"归纳为民族、民权、民生三大主义,即"三民主义"。

民族主义的基本内容是"驱除鞑虏,恢复中华",

就是要以革命手段，推翻清王朝的统治，但革命党人在宣传中，仍不可避免地带有民族复仇主义的局限。其最大弱点是没有正面地提出反对帝国主义侵略，以实现民族真正独立的主张，甚至还幻想世界列强会支持中国的革命事业。

民权主义的基本内容是"建立民国"。就是要通过政治革命，推翻封建专制统治，建立资产阶级民主共和国。按照自由、平等、博爱的精神，给国民以充分的"民权"，有权选举总统、议员，由议会制定宪法，人人共守。民权主义解决了当时资产阶级民主革命的中心问题，但它却忽略了国体的变革，仅仅是改了政体，即忽略了推翻君主专制制度的阶级基础——整个地主阶级，而且也忽略了广大劳动群众在国家中的地位，因而难以使人民的民主权利得到真正的保证。

民生主义在当时指的是"平均地权"，也就是孙中山所说的社会革命。孙中山的"平均地权"的主张，没有正面触及封建土地所有制，不能满足广大农民获得土地的要求，在革命中难以激发广大工农群众的斗争热情。

但在当时的历史条件下，三民主义理论是一个比较完整的资产阶级民主革命的纲领，初步描绘出中国还不曾有过的资产阶级共和国方案，具有比较完备的资产阶级民主制度、社会制度思想。它曾鼓舞了一大批资产阶级的革命知识分子，为推翻封建帝制，建立、巩固资产阶级民主共和国而英勇不懈地斗争。

孙中山领导的同盟会不仅提出了革命纲领，而且从事了实际的革命活动，他们先后发动了多次武装起义，比如光绪三十二年（1906）的"萍浏醴起义"，光绪三十三至三十四年（1907—1908）的皖浙起义等。这些起义虽然相继失败，但是产生了广泛的影响。影响最大的是宣统三年（1911）阳历4月27日黄兴率敢死队120多人在广州举行起义，革命党人大部分壮烈牺牲。72烈士的遗骸被葬于黄花岗，所以也称"黄花岗起义"。

宣统三年（1911）发生的"武昌起义"，是国内阶级矛盾集中爆发，湖北革命党人积极策动的成果。湖北的两大革命团体——文学社和共进会一直在进行革命宣传和组织活动，在湖北新军中已秘密发展会员16000多名。宣统三年（1911）阳历9月，共进会领导人孙武和文学社领导人蒋翊武决定，利用广州起义和四川保路运动的时机，计划在武昌发动武装起义。后来，共进会领导人孙武装配炸弹出现事故，起义部队旗帜、名册、文告等被俄国巡捕没收，起义消息走漏，形势迫在眉睫。10月10日晚，在没有领导人的情况下，新军中的革命士兵暗中联络，自发发动起义，临时推举队官吴光麟指挥起义。经过一夜激战，起义军占领湖广总督衙门和军械库，控制了武昌各个城门。长江北岸的革命士兵起义后，很快占领汉阳、汉口及武汉三镇，武昌起义取得胜利。

起义胜利后，革命党人面临的首要任务是建立革命政权。当时孙中山远在海外，黄兴、宋教仁等人也在香港和上海。直接组织这次起义的领导人或死或伤，或被迫出走。为安定人心，将与革命毫无关系的清朝高级军官黎元洪推为军政府的都督。黎元洪一开始消极对抗，后来改变了态度，表示愿意与大家一起共生死，借机发展自己的势力，掌握大权。在他的周围渐渐集中了一些旧官僚和立宪派人士，并且势力越来越大，革命派在湖北军政府中的势力受到了削弱。

武昌起义胜利后，湖北军政府立即发布了《布告全国电》《布告海内外人士电》《檄各督抚电》《宣布满清罪状檄》等一系列重要文件，严厉声讨清王朝的残暴统治和卖国罪行，宣传民主革命的正义性和必要性，希望全国人民一起推翻清王朝。

军政府成立后，宣布改专制为共和，废除清朝皇帝年号，还陆续进行了政治经济制度的改革，宣布废除厘金等苛捐杂税，实行司法独立、稳定金融、整顿财政、保护工商业、维护社会秩序、革除社会陋习等政策，同时制定具有资产阶级宪法性质的《鄂州临时约法》。湖北军政府基本上是一个资产阶级革命性质的政权。

武昌起义后,各省相继独立。革命形势的迅速发展,要求建立一个统一的中央政权,以克服独立各省各自为政、游勇散兵的状态。于是,资产阶级革命派和卷入革命营垒中的立宪派、旧官僚等各派政治力量,都在积极为建立一个由自己控制的中央政府进行各种活动。

宣统三年(1911)年底,回到国内的孙中山被选举为临时大总统。1912年1月1日,孙中山宣布就职,改国号为"中华民国",定1912年为民国元年,并成立中华民国临时政府。

在南京就任临时大总统后,南京政府百废待兴,尤其北京的清朝政府并没有被推翻。革命面临艰巨任务,孙中山日理万机。

1月2日,各省代表召开会议,由孙中山主持,通过临时政府组织大纲修正案。

1月3日,代理参议院召开临时副总统选举会,孙中山以新任临时总统身份出席会议,黎元洪被选任为副总统。

1月4日,临时政府刚刚成立的第四天,孙中山命陈炯明率军自广州北伐。电文中说:"中央政府成立,士气百倍,和议无论如何,北伐断不可懈!广东军民,勇敢素著,情愿北伐者甚多,宜速进发。"(《孙中山全集》第2卷,第7—8页)

1月5日,孙中山就任临时大总统第五天,发布《对外宣言》。

1月6日,孙中山命伍廷芳连电答复袁世凯,指明袁世凯对南京革命政府采取敷衍的办法,"无非故意迁延迟滞"。并谓:"阁下如果欲确保和平,不宜另生枝节,以耽误时日……至于唐使所已经签订者,毋庸再议。"(《孙中山详传》第七章)

1月7日,孙中山电促袁世凯"驱逐满洲皇室,或辞去总理大臣"。

孙中山在主政期间,领导临时参议院起草了具有宪法效力的《中华民国临时约法》,1912年3月11日颁布施行。这是中国第一部资产阶级共和国法典,是辛亥革命最重要的成果之一。

《临时约法》以根本大法的形式废除了两千年来的封建君主专制制度,确认了资产阶级共和国的政治制度。

孙中山的施政纲领是对内要实现民族、领土、军政、内政、财政等的统一,对外持和平主义,摒弃清政府的"辱国举措和排外心理"。南京临时政府在短短3个月中颁布了不少有利于发展资产阶级民主政治、民族经济、文化教育及社会习俗革新的政策法令。

这些政策法令体现了民族资产阶级的利益,对于解除封建旧制度的限制具有一定的进步意义,符合《中华民国临时约法》的要求。不过，由于某种原因，对农民问题和农村土地分配的问题缺乏必要的关注，没有触动地主阶级根本利益，这就使南京临时政府得不到农民的支持。南京临时政府名义上是中央政府，但并不是各省都听命于它。政策在立宪派和旧官僚掌握权力的地方不能推行，即使在革命派掌权的地方也大打折扣，而且南京政府受到帝国主义的挤压，外交和财政越来越困难。

辛亥武昌起义胜利后，是共和还是立宪，中国面临着一个重大的选择，国人的意见也不尽一致。总的来说分为两大派：一是以孙中山为首的共和派，二是以袁世凯为首的立宪派。英国和日本等国也想借这个时机谋求本身利益，在中国这块土地上选择自己的代理人。由于受不同利益的驱使，日本和英国产生了冲突。英国紧紧牵制住了袁世凯，见日本主战，便让袁策划了南北议和。

事实上，袁世凯早就有独裁的野心，正好利用这场革命来实现。所以，当清廷正式任命袁世凯为内阁总理大臣，他就威风八面地开进北京。在北洋军出师占据了优势后，又立即以让他出任民国总统为条件，与南方革命党进行谈判。

1912年1月15日，孙中山复电袁世凯："如清帝退位，宣布共和，则临时政府决不食言。文即可正式宣布解职,以功以能,首推袁氏。"

袁世凯接电后,便迫不及待地开始对清帝逼宫。

在袁世凯以及各方革命力量的推动下,1912年,清帝退位。虽然革命果实被袁世凯窃取,但是辛亥革命仍然有着重大的历史意义。辛亥革命是资产阶级领导的以反对君主专制制度、建立资产阶级共和国为目的的革命,是一次比较完全意义上的资产阶级民主革命。在近代历史上,辛亥革命是中国人民为救亡图存、振兴中华而发起革命的一个里程碑,它使中国发生了历史性的巨变,具有伟大的历史意义。

辛亥革命推翻了中国两千多年的封建君主专制制度,推翻了帝国主义在中国的代理人——清王朝的统治,沉重打击了中外反动势力,使中国反动统治者失去了政治优势。帝国主义和封建势力在中国再也不能建立起比较稳定的统治,从而为中国人民革命斗争的进一步发展开辟了道路。

后　记

"一带一路"相关国家众多,代表性人物众多,为中外交好、民心相通作出杰出贡献的人士众多。因此,为"一带一路"璀璨群星立传,既使命光荣,又责任重大。在这项浩大工程的策划、组织、执行过程中,有许许多多的人士参加了有关传主的名单征集和审定,以及写作、翻译、审读、编辑、出版、筹资、联络等繁重而琐细的工作。所有参与的人员,以拳拳报国之心,尽深厚学养之力,克服了时间紧、任务重、要求高、压力大等诸多困难与挑战,最终圆满完成了任务。在本书付梓之际,丛书编委会特向参与本项目的全体同志致以崇高敬意和衷心感谢！

　　同时特别需要鸣谢的是，提出策划并领导实施此项目的中国传记文学学会会长王丽博士，基于长期法律实务经验和担任"一带一路服务机制"主席职务的便利，她对相关国家和"走出去"的"一带一路"建设者和广大青少年的需求了解真切，提出应当为他们写一套介绍各国典型人物的简明易读的传记，为他们提供健康的精神食粮。她把这项"额外"的工作当成了事业，联袂商会筹集资金、苦口婆心招揽作者、精心挑选传主名录、夙夜青灯挥笔写作、近乎偏执逐字推敲、亲力亲为呕心沥血。面对如此浩大的出版项目和繁重的出版任务，中国出版集团华文出版社不但毅然承担了出版任务，而且集团和出版社的领导与中国传记文学学会的负责同志一起协商，寻求有关部门的支持和帮助，努力将该传系打造成高质量的精品好书。在此，我们特向项目牵头人和中国出版集团公司、华文出版社的相关领导和编辑致以崇高敬意和衷心感谢！

　　尤其让我们感动的是，在项目执行过程中，一些富有家国情怀的民间商会和企业家的慷慨解囊，虽不足以支撑项目的全部费用，但是他们所表现出的热心和支持，让我们坚定了走下去的信心和决心。在此，我们要特别鸣谢为本书的创作出版做出捐赠支持的中国民营经济国际合作商会、亿阳集团股份有限公司、富通集团有限公司以及太平洋证券股份有限公司,并对他们的拳拳报国之心和慷慨无私帮助致以崇高敬意和衷心感谢!

一项伟大的事业,离不开许多默默无闻的奉献者。在本传系的组织、编写、出版过程中,有历史、文学、科研、外交、教育、法律、翻译、出版等领域的数百位专业人士参与,恕不能在此处一一详列。需要特别提出的是,鞠思佳、景峰等同志为组织联络、搜集资料到处奔波而毫无怨言,唐得阳、唐岫敏、白明亮、谭笑等同志在编写、翻译和编辑、校对过程中的细致与负责让我们感动,赵实、胡占凡、高明光、吴尚之、刘尚军、李岩、王灵桂、李永全、陈小明、许正明、宋志军等同志睿智的指点和专业的帮助让我们避免了走许多弯路。在此,我们特向以上各位同志致以崇高敬意和衷心感谢!

当然,由于我们水平所限,本丛书难免有某些不尽人意之处和瑕疵,敬请学界专家和各位读者不吝赐教,我们将在作品再版之时吸收完善。在此,我们也向各位读者提前表示崇高敬意和深深感谢!

"'一带一路'列国人物传系"编委会

2018年3月8日